JIAOYU，CHENGQUAN SHENGMING ZHI MEI

教育，成全生命之美

——干国祥的教育观

干国祥　著

漓江出版社

·桂林·

图书在版编目（CIP）数据

教育，成全生命之美：干国祥的教育观 / 干国祥著
. -- 桂林：漓江出版社，2022. 9
ISBN 978-7-5407-9293-0

Ⅰ. ①教… Ⅱ. ①干… Ⅲ. ①教育一文集 Ⅳ.
① G4-53

中国版本图书馆 CIP 数据核字（2022）第 155578 号

教育，成全生命之美——干国祥的教育观
干国祥　著

出 版 人　刘迪才
策划统筹　文龙玉
责任编辑　章勤璐
助理编辑　孙静静
书籍设计　石绍康
营销编辑　徐嘉忆
责任监印　黄菲菲

出版发行　漓江出版社有限公司
社址　广西桂林市南环路 22 号
邮编　541002
发行电话　010-65699511　0773-2583322
传真　010-85891290　0773-2582200
邮购热线　0773-2582200
网址　www.lijiangbooks.com
微信公众号　lijiangpress

印制　大厂回族自治县聚鑫印刷有限责任公司
开本　710 mm × 960 mm　1/16
印张　15.25
字数　220 千字
版次　2022 年 9 月第 1 版
印次　2022 年 9 月第 1 次印刷
书号　ISBN 978-7-5407-9293-0
定价　48.80 元

目录

第二辑　良性教育学循环

第三辑　成长的节律

还童年以合法的蒙昧

一

教育即启蒙，但绝不是把教育青年的方式，简单下移到童年。

对童稚时期心灵特点的无知，加上急功近利的心态，使得我们在学校教育的最初就屡屡犯错——如果不是考虑到这大多是无心之错，那么这些教育罪孽的广大和深重，几乎可以称为犯罪。

是谁规定一入学就学枯燥的拼音，让孩子们对学校教育的第一印象，居然是毫无意义、痛苦不堪的机械操练？是谁把故事放逐出儿童的生活，试图让一本识字课本，完成最初的启蒙教育？

基于经验和传统的记诵、句读、训诂等创设的课程固然有不足，但想当然地基于个别专家的局部理论，草率编辑成所谓科学的启蒙课程，其实同样并不符合科学。

无论是古代的启蒙教育理论，还是现行的启蒙教材背后的观念，根本的问题都是对童年的无视和无知。它们或者把童年当成小大人，也就是缩小版的成人，不认为儿童的心智有完全不同于成人的特点；或者，人为地、机械地把知识分解为碎片、安排为序列，让童年从看起来最简单的那部分学起——在科学化的外表下，根本毫无科学依据！

把语文材料人为分解成拼音、生字、词语、单句、段落、篇章，并按这样的顺序机械编排成教材，分年级逐一推进，就是伪科学课程的典型例证。每一篇文章、诗词歌赋都是一个整体，语文教学的目的应该是引导学生有良好的语感、从整体感知把握思想感情、培养整体的美感，而不是强调、注重知识碎片。

诚如尼尔·波兹曼《童年的消逝》一书所论述的那样，童年的观念其实才被重视不久，但已经有消亡的危险。不过我们认为威胁童年的，不是电视和图片，而是以科学之名编写的机械课程。

二

有人反诘说，假如古代教育真的缺乏正确的童年观，那么它又何以成功？为什么一样培养了那么多杰出的“全人”？

其实古代教育的成功率并不高。人类社会在经济、文化、科技等几乎所有方面都是以加速度发展的，这个加速度，本质上就是教育的加速度。现代教育无论有多少缺陷，但就受教育的普及性和相对于以往教育的科学性来说，还是有明显优势的。对现代教育的批判反思，不是对它的否定，而是对它发展过程中的问题进行审察和改进。

古代教育确实培养出了许多伟人，但那首先是因为他们处在绝大多数领域的“开天辟地期”，就像今天计算机领域的图灵、乔布斯、比尔·盖茨们一样。

当然，古代教育自身也有可取之处，除我们今天仍在继承的博雅教育、人文教育外，就童年教育而言，古代教育中还有一个并不显眼的父性教育和母性教育的巧妙配合。父权社会要求孩子尽快有男人的样子，而母亲们在其中扮演了折中、协调的角色。

以中国古代社会为例，如果说“四书五经”是父性教育的典范，那么儿歌童谣、民间故事、戏剧说书等，就是大地课程和母性课程。

因为母性课程是隐性的，所以一直未被我们重视。但是我们可以负责任地说，如果古代教育完全缺失了这一块，仅仅传播“四书五经”，那么古典教育也就丧失了根基，丢失了元气，只留下干瘪的一小部分，绝无可能拥有那么长时间的辉煌。

所以请不要误以为中国古代直接以“四书五经”作为儿童教育的启蒙，那其实已经是启蒙的高级阶段。在蒙昧和启蒙的最初，母亲和母性课程，一直守护着一代代儿童。

三

基于此理解，在2006年新教育研究中心成立之初，我们开创的第一批课程中，就有“读写绘——儿童早期读写综合”课程。

与此同时，我们提出开学第一课、入学的第一个时期，迎接孩子的应该是故事，而不是汉字，更不是拼音。生字应该附加在故事中，少量、适量地出现；拼音应该附加在生字上，作为辅助工具，随机地、非系统地出现，系统学习拼音，应该放在零星地、浪漫地学习了相当一段时间之后才开始进行，譬如到一年级末或二年级。

读写绘课程的核心观念，就是认为不识字更不会写字的儿童，完全能够顺利地阅读和写作。阅读的顺序应该是故事—句子—词语—汉字，而不是反之；写作的顺序同样应该是故事—句子—词语—汉字，而不是反之。在不会认字和不会写字时，通过画面和声音，儿童照样可以进行阅读和写作，而且是整体的、有意义的、有头有尾的阅读和写作，而不是支离破碎、毫无意义的句子训练。

本着这一理念，我们成功地让学生在一年级阅读数百本绘本，聆听近千个故事，创作上百篇“文章”——这些文章或者是由孩子母亲记录下来，或者是用录音发布出来，还配合着孩子们创作的绘画作品。而儿童自己能够写的文字，则通过气泡框和画外音来呈现。到二年级末，学生的写绘作品就他自己书写的字数来说，已经超过了一般小学阶段要求的作文字数，只不过内容仍然保留在低年级儿童最喜欢的童话故事和日常故事上而已。

四

故事，无论是通过声音的聆听，还是通过画面和文字阅读，对故事的结构把握和意义领会，始终是未来分析式阅读的基础。它不但在前后顺序上占得先机，而且在整个过程中，都应该是不可或缺的浪漫背景，占有数量上的绝对优势。

也就是说，语文教材不应该仅仅是几本语文课本，语文课本外的阅读不是课外阅读，而应该是课程上的重点内容，其在数量上应该远远大于语文课本。

本着这一理念，我们在数年实践探索的基础上，于2007年春天正式提出了“晨诵、午读、暮省”这一组概念。

每天用一二十分钟学一首诗歌，从一年级的儿童童谣，到二、三年级的儿童诗和《声律启蒙》，到中、高年级的“在农历的天空下——24节气诵读古诗词”，再到小学高年级的儒道课程和经典诗歌课程，这就是晨诵课程的框架。但重要的不是它最后抵达的惊人深度，而是它的厚度，以及浪漫丰富的课程本色。

阅读课程除了整本书和语文教材的区分、相互配合，同样走上了与年龄、心智发展相关联的分级阅读之路：一年级是结合在读写绘中的绘本和故事；二年级是图文并茂的桥梁书和初阶童书；三、四年级是海量童书，直到完成阅读自动化；五、六年级开始经典阅读和学习文言课程……

而暮省课程就是打通阅读和写作，打通德育和教学，打通学习和生活的审辨课程。它一半处于道德生活的蒙昧中，拒绝把结论简单强加给学生；一半处于道德生活的启蒙中，因为故事中的榜样是鲜明的，而孩子们作为审辨的主体，已经张开了自己的双眼，考虑该怎样生活在这个世界。

这个基于怀特海过程哲学（把学习过程理解为浪漫、精确、综合这三个不断循环的阶段）和格式塔心理学（又叫完形心理学，强调理解的整体性）的课程原理，不仅适用于语文课程，同样适用于作为第二语言的英语课程和其他学科课程。

五

但体育课程和艺术课程有不同于理解型、认识型课程的特点，它们更为原初，更接近生活世界。

所以在由我主导设计的“全人之美”课程中，便有了先身体课程，再是艺术课程，然后是智慧课程和人格课程的顺序。这个排序不是重要性的前后顺序（如德、智、体、美、劳的先后安排），而是生命焦点上的前后顺序。也就是说，生命在开始时的焦点并不是认知。认知、艺术和道德，都萌生于身体的运动和舒展之中。

当我们已经完全不需要用手指数数的时候，用手指数数的经验不是消失了，而是作为坚实的基础，扎根于我们认知的底层。一切抽象的观念，它都有无数个感性、浪漫的前身，而最初，总可以回归到身体和最直接的感官中。譬如根本不知道文字也不懂得语言的婴儿，又是如何理解一个故事的意义的？其实最初他感受的就是母亲表情和声音的变化，是一个由平静到惊奇，再到微笑的完形过程。在无数次的重复中，意义清晰了，语言也明确起来。

强调这一点，并不是提倡我们的课程回归到蒙昧，而是想要强调：教育不要拔苗助长，不要破坏根植于基因之中的人类认知的规律。

六

人类区别于其他动物的最明显的特征之一，就是童年期的延长。而认知的童年期，就是对天地万物的浪漫感知——这绝对不应该过早地用科学概念来取代。用抽象的科学观念来取代儿童的感知，乃是对他认知过程的伤害。

就他最直观的感受来说，天圆地方，太阳绕着大地升起又降落，这在感官上是正确的。

假如谁在儿童认知的最初，直接灌输是脚下的地球绕着头上的那个太阳在转动，而所有关于月亮的传说和诗句都是假的，真相是月球只是一个反射太阳光的固体星球，那么这个好心人事实上是因为不懂人性，而只承认抽象知识具有意义和价值，从而破坏了儿童认知的发展。

我们则坚持认为，必须还童年以合法的蒙昧。因为觉悟不是一次性的，概念的领会不是一次性的，启蒙更不是一次性的。一个模糊的观念要成为科学的概念，需要经过数年的漫长岁月；一个懵懂的孩子要成为审美、德行、智性兼备的青年，需要穿越一段由他自己开拓出来的漫长道路。

干国祥

写于 2018 年

第一辑

以梦为马

以梦为马

——戊戌狗年（2018）素描

前　言

如果要把我所有的文章中的“新教育”三字去掉，我将丢失一半有价值的文章。

如果要把新教育团队里所有由我书写的文章去掉，新教育团队也将失去很多有价值的文章。

尊重历史，尊重事实——那是一段激情四射的艰苦岁月。

此文原为网师[①]2010年7月25日的周日沉思。

在这个晴朗的黎明，忽然想起海子的一首诗。这首诗我听朋友念过，但那时我想及的是那个卓然而孤独的诗人，一个以梦为马的诗人，一个最终自身失败，而诗歌因他重获荣耀的诗人。

这就是海子写于1987年的《祖国（或以梦为马）》：

① 新教育实验网络师范学院的简称。

1

我要做远方的忠诚的儿子
和物质的短暂情人
和所有以梦为马的诗人一样
我不得不和烈士和小丑走在同一道路上

远方，海子诗歌中一个特定的重要的词语。“远在远方的风比远方更远”，“遥远的青稞地 / 除了青稞　一无所有 / 更远的地方　更加孤独 / 远方啊　除了遥远　一无所有”……

远方是我们的目光所眺望所凝视之处，是我们的心灵所向往所憧憬之处，远方汇聚起所有人的梦想之物，远方比一切具体之物更把我们吸引和打动。

言说远方，就是言说梦想和理想。梦想本身比一切所梦想的更为动人。理想除了理想一无所有，最高的理想就是那理想本身，理想本身就是我们所需捍卫和追求之物，就是我们想要抵达和栖身的地方。最后，我们将栖居于理想，以及对理想的眺望之中。

为了抵达远方，我们必须仰赖物质，我们必须以马以车，以衣蔽体，以食饱腹，以房屋安置总对世界感到恐惧的脆弱身体。但房屋本身却可能让我们逗留于某地，就像对鱼的渴望让钓鱼者逗留在河岸，对漂亮衣服的渴望让女子的注意力维系于精品店……我们无法放弃物质，但物质有可能把我们永远地滞留在它身边。所以海子说：“我要做远方的忠诚的儿子 / 和物质的短暂情人。”这不是完全地否定物质，而是说，远方或者理想，才是我们灵魂最后的栖息之地。

我们（网师人，新教育人）都在走向远方，都是远方亦即理想的儿子。但也许我们中的大多数，对物质的忠诚，将远远胜过对远方（理想）

的忠诚。这无可厚非，只要有一线理想不灭，总会把我们保持在这条朝向远方的道路上。

然而亦因此，我们走在路上，犹豫而瞻顾。

那意志比我们坚定的，那已经或愿意为远方付出更多的，乃是烈士。

那借远方之名而攫取物质以及虚名者，乃是小丑。

走在路上，我们同行，从烈士到小丑，形形色色。

我不愿意做烈士，烈士死得太早，走不到远方；我亦不愿意做小丑，因为我深知远方除了远方一无所有，那么走上这条道路将只是徒然地耗损自己。但我愿意和烈士和小丑同行——一如新教育走在教育的道路上，本身亦是和烈士和小丑同行。那更为纯粹的教育，那沽名钓誉的教育，新教育将和它们同行，将一道把祖国带往远方。

新教育，乃是一条道路，走着我们，我们和烈士和小丑同行。我们或许将成烈士，只是我们还未洞察命运；我们或许本是小丑，只是我们还未认识自己的本相。

而远方，在我们的前方，尚除了远方这个词语一无所有。

2

万人都要将火熄灭　我一人独将此火高高举起
此火为大　开花落英于神圣的祖国
和所有以梦为马的诗人一样
我借此火得度一生的茫茫黑夜

此火曾照彻天空，照我们的祖先于这片坎坷大地辗转流徙，唱出“蒹葭苍苍”，唱出“大漠孤烟直，长河落日圆”，也唱出“杨柳岸晓风残月”与“枯藤老树昏鸦”……

所以说此火为大，开花落英于神圣的祖国。开花是那精神冲破遮蔽显现于大地，落英是大地把传奇和诗句收回大地，收回语言。

但那明亮显现的，那如火般熊熊燃烧的，那点燃身躯为火把熊熊燃烧的，却只能照亮他自己的那个时代。现在那万人都要把这残存之火熄灭，因为这火照见眼前的现实，照见人的灵魂，照见死亡的事实，照见那华丽包装后的空洞和虚伪。

这是一个特殊的时代，“众神死亡的草原上野花一片”，唯有真正的诗人意识此火将化成黎明的太阳，所以在静夜中将之悉心守护，且自己也借此火，得度一生的茫茫黑夜。

然而新教育说，你能突破这孤独，你能把手心里的这点火汇聚成熊熊的大火，你能让世界在任何黑夜时刻，照见人性的温暖。

这就是汇聚，我们凭气息在黑暗中寻找对方、辨认伙伴，我们把掌中之火堆成这一片光明……

3

此火为大　祖国的语言和乱石投筑的梁山城寨
以梦为上的敦煌——那七月也会寒冷的骨骼
如雪白的柴和坚硬的条条白雪　横放在众神之山
和所有以梦为马的诗人一样
我投入此火　这三者是囚禁我的灯盏　吐出光辉

这神圣之火须得献祭。神圣之火若能借油与柴延续，亦将在黑夜中燃尽自身。

对诗人而言，生命即献祭之物，于是灯盏吐出光辉，乃祖国的语言，那乱石投筑的梁山城寨，那以梦为上的敦煌，以及那七月也会寒冷的骨骼。

诗歌的作用乃是照亮，乃是让神圣者显现其神圣，所以诗歌首先照亮语言，让语言自身生出光辉。然后，是那水泊梁山的童话，和追寻生命归宿的宗教。但它们仍然会在岁月中蒙尘，失却生机，只保留着生命的硬度，等候诗人借其骨重造这个世界、重塑这个民族。

而这一切的明亮需要此火，需要此火在黑暗中熊熊燃烧。

而此火的熊熊燃烧需要奉献，我们想借此火照见世界，就必须向此火中投入我们所珍藏者。

新教育即此大火。它的熊熊燃烧照亮此夜，但它始终借奉献者而得以燃烧。

朱永新老师从历史上盗得此火，重燃此火；李镇西先生曾于“教育在线”树旗呐喊奔走呼告；储昌楼先生曾于苏南一角支撑起梦想多年；而许新海先生挟多年思考之智慧而汇入；卢志文先生以其亲创之翔宇教育集团之实力和个人之魅力而成此火之薪……而研究中心数人一无所有，则或将以此身为祭，助此火熊熊燃烧于此黎明将晓之际。

而苍南人于浙南一隅，海门人于长江入海之地，桥西人于燕赵大地，绛县人于晋之故都，东胜人于宫殿林立之草原，各个燃起此火，照亮故乡天空一角。

更有甚者，无数孤独的教育者借一间教室，数十平方，数年时光，便能让生命的灯盏重新吐出光辉，照亮那与他相遇的数十个年幼生命，让一方教室显现盎然生机。

此即生生不息。

4

万人都要从我刀口走过　去建筑祖国的语言
我甘愿一切从头开始
和所有以梦为马的诗人一样
我也愿将牢底坐穿

当伟大诗歌显现之际，新的语言诞生，以后所有的语言将从这里重新开始。当唐诗被诗人唱出之后，隶属这个汉语世界的所有的人都将从这刀口走过去，诗人建筑祖国的语言，人们得以栖居于此语言。语言，是我们存在的家园，在我们的家园里，从“关关雎鸠，在河之洲”到“夜深千帐灯”，曾经如此明亮，如此富丽。然而一切已经蒙尘，光华不再，生机不再。

诗人，甘愿一切从头开始，把那神秘之火从大地深处唤出，让语言洁净如火，照亮万物，洞彻世界。

而为这明亮，诗人甘在黑暗中把牢底坐穿，让语言死去，然后活来。

新教育亦有此雄心，如一盏泥灯在太阳沉入黑暗之中，挑起它留下的重任。

它敢于说，自我之后，儿童阅读将拥有一番全新面貌。

它敢于说，自我之后，教师专业发展将拥有一番全新思考。

为了它这个遥远的梦想，我们也愿将牢底坐穿。

5

众神创造物中只有我最易朽　带着不可抗拒的死亡的速度
只有粮食是我珍爱　我将她紧紧抱住　抱住她　在故乡生儿育女
和所有以梦为马的诗人一样
我也愿将自己埋葬在四周高高的山上　守望平静的家园

那源自太阳的神圣之火，最初照见的却是我们自己站立于脚下的大地。

诗人不仅具有诗之性，亦具有人之性。犹如那太极的黑与白，我们一半朝向天空，另一半将永远留在大地。我们将一半明亮如灯盏，另一半则投入无边黑暗中。

谁彻底地鄙弃物质，鄙弃身体，鄙弃土地和家园，谁就无法完成创造。

所以粮食和爱情乃是我们所珍爱，我们借此让站立于大地的身体健康强壮，借此让我们的子女健康强壮——他们还将是此火的举起者，在名叫未来的黑夜里。

这一半也是诗人，是完整诗人的大地部分。在这部分里，梦想隐匿，远方潜藏。他有时会以为自己可以平静度过此生，安眠于高高的山上，守望着平静的家园。

然而他必定将要惊醒，惊觉于“众神创造物中只有我最易朽 / 带着不可抗拒的死亡的速度”，于是：

歌唱着走向死亡！

既然死亡乃是如此急迫逼近之事，既然死亡乃是无可逃避推诿之事，既然我们乃是身不由己走在这条路上，那么我们何不在此途中放声歌唱。

歌唱生命，歌唱大地，歌唱天空。

诗人的歌唱是诗，我们的歌唱乃是教育。

教育确乎是一首诗，己立立人，己达达人，生生不息……

6

面对大河我无限惭愧
我年华虚度　空有一身疲倦
和所有以梦为马的诗人一样
岁月易逝　一滴不剩　水滴中有一匹马儿一命归天

千年后如若我再生于祖国的河岸
千年后我再次拥有中国的稻田　和周天子的雪山　天马踢踏

和所有以梦为马的诗人一样

我选择永恒的事业

我们何以对抗那时时逼迫的死亡？或者我们可以进入那永无休止的时间轮回，但我们只能来此一遭，所以只能在这短暂的时光中，把自己燃烧，把世界照亮。

子在川上曰:“逝者如斯夫。”

哲人的感慨中蕴含着领悟后的宁静，诗人的感慨中蕴含着创作前的焦灼。

我们将怀着远方之梦死于途中。

我们以梦为马，却走不到远方。

在岁月之水滴中死亡的，乃是我们的梦。

梦想破灭，诗人死亡；诗人死亡之际仍然怀着梦想。

梦着马，天马，梦着自己以梦为马，选择那永恒的光明的事业：以诗照亮自己黯淡无光的前路。

“逝者如斯夫”，时间的流逝和死亡的逼迫使我们内心焦灼，如揣着一团火，在一年年流逝中感慨那教育和建造的缓慢，和生命流逝的急促。

但我们已经明白，自己本就是当年的诗人重生于这祖国的河岸、这祖国的大地。我们已经明白自己可以在小小的教室里纳入浩瀚星空，或重现几千年前第一个汉字诞生的那个庄严时刻。

教育的事业乃是永恒的事业，因为它直接接续造物主的任务，对生命进程中最后诞生的这种生命，进行最后一道庄严的工序。

教育，就是往生命的杯盏中注入诗歌，注入音乐，注入思，注入思之结果——科学社会知识。

教育，就是把生命中蕴含的最后的神奇加以唤醒，让它歌唱、言说、探索、创造、建设和守护……

犹如重生的诗人，我们亦是重生者，借着新教育，创造着新生命……

7

我的事业　就是要成为太阳的一生
他从古至今——“日”——他无比辉煌无比光明
和所有以梦为马的诗人一样
最后我被黄昏的众神抬入不朽的太阳

太阳是我的名字
太阳是我的一生
太阳的山顶埋葬　诗歌的尸体——千年王国和我
骑着五千年凤凰和名字叫“马”的龙——我必将失败
但诗歌本身以太阳必将胜利

诗的事业就是照亮的事业，用诗歌照亮语言，用语言照亮灵魂，让大地歌声四起，生机盎然。

这原本是太阳的事业，这原本是月亮的事业，这原本是星光的事业，这原本是火的事业，这原本是诗人的事业。现在，它也是我们教育者的事业。

诗人说自己的事业就是要成为太阳的一生，用诗歌照亮祖国大地于众神死亡的黄昏之际。

我们说自己的事业就是要汇聚那光亮的一切，用诗人留下的诗歌，哲人留下的哲思，科学家留下的公式定理，以及工匠留下的器具，建筑一个新的世界。

诗人终将死亡，终将写不出那一首能够每一天光亮如太阳的诗歌，那成为太阳的事业终将失败。但他的努力将汇入诗歌本身，那生生不息的歌唱——当“蒹葭苍苍，白露为霜”失却魅力的时候，另一个地点会有

“天苍苍，野茫茫，风吹草低见牛羊”的歌声响起；当《大风歌》的余音终于止歇的时候，另一个时刻会有“大江东去，浪淘尽，千古风流人物”的歌声响起……

诗人必死，诗歌不死。

诗人必败，诗歌不败。

那一轮太阳沉入黑夜之际，那光明本身将永不真正寂灭，世界将在一道曙光中，重新拥有一个黎明。

而教育不仅是那照亮，也是那守护。不仅是那创造，也是那传播。不仅是那焦灼，也是那宁静和从容。

教育相信生命必胜，相信诗歌必胜，所以它得以从容地相信种子于大地，相信岁月于历史，相信自己将于不断接续的明亮和黑暗中，维系着生命的生机，让它在黎明得以被唤醒，在黄昏得以获安宁，而在白昼，则将挥汗劳作，筑造出一个值得我们栖居的世界。

远方不远，远方即在我们的教室，远方即在我们心中。

诗歌不远，诗歌将在每一个黎明唱起。而科学则将赋予生命以不同于诗人的另外气质，哲思将赋予生命以明智和宁静。

这就是我们的远方，它栖息于我们的这些词语中，它展现于一方小小的教室中。这就是我们的梦想，它随时可能破灭于一阵时代的狂风……

或许，我们亦将遭遇失败！

如果那样，则让我们相信：

我或将失败，但新教育本身以生命必将胜利！

加盟南明教育意味着什么

对一个教师而言，加盟南明教育意味着什么?

南明教育的核心课程叫“全人之美”，一个初步的纲领向世人描绘了它的基本意蕴和教育价值取向。而团队的愿景曾经描述为：植根本土文化，汲取全人类思想精华，创造出理念一贯、逻辑自洽、内容丰富充沛、形式精致灵活的课程系统，使“过一种幸福完整的教育生活”和“做一个自我实现着的自由人”成为活生生的现实。

但是在这里我们并没有表明：是什么原因使得我们聚在了一起?

当新教育研究中心解散，我们仍然汇聚在一起，重新创建南明教育的时候，大家一个简单的心愿是：让所有想要继续追随这个团队的人，能够过一种有尊严的教育生活。“我们”这群人汇聚在一起，既不是为了改造中国教育，也不是为了用教育创新赚取金钱——这两种目的都很高尚，然而都并非我们的初衷。

南明教育这个团队，从一开始就是为教师而存在的。教师第一，在这里并不是因果学或方法论的优先，而是目的论上的本真：如果不是为了教师，我们压根就不会聚在一起并肩奋斗。

然而从南明教育创建之始，我们就深知：几十个不相关联的个体，无法创造出数十人紧密协作的成果。想让那个小小的心愿实现，纵然有数亿资金也是没法解决问题的。除非，有更多的创造者不断汇入相互协作的创造之流，让南明教育成为一个有持久原创力的教育团队。也就是说，除非召唤更多优秀者、创造者，否则我们就会守在某几个人过去的成就中，慢慢成为井底之蛙，成为靠过往名气感动他人的“才尽江郎”。

那么怎样才能汇聚有才华的年轻人，和已经颇有成就的优秀者呢？

我们给出的答案，一是高薪，二是成就，三是归属，四是自由，五是值得自豪的团队名字、团队历史和团队文化。

高　薪

何谓高薪？

我们团队中的核心专家，都曾受到过年薪四五十万的诱惑，但我们知道，这是很不可靠的合作，因为这份薪水下面，是无法自圆其说、不可持续发展的财务报表。如果一个学校持久地支付一个校长类似高薪，要么它确实利润丰厚，而且你确实无可替代地为它创造了数十倍、数百倍于此的财富，要么它就是利用你已有的名声与资源，想要用你做广告，或借你迈出它蹒跚的第一步。承受这样的高薪，注定你将自我异化，丧失自我。

我们的高薪有两个含义：一是比其他类似学校高，因为我们更有创造力，更有向心力，团队更愿意分利于教师，所以比其他学校高没什么可羞耻与奇怪的；二是在旗下学校财务许可，且不破坏与投资者的契约和团队文化的前提下，要尽最大可能分利于教师。一句话，在理想的状态下，一个教师得到的，应该是他此刻能够得到的最高工资，而不是他最低限度能够承受的工资。

平均主义是从一开始就坚决拒绝的。而且我们要明确地宣称：年薪越高表示创造越多、奉献越多；年薪高过一倍，意味着已经和即将为团队创造的财富，至少是十倍。年薪不是由学历、资历、名望、位置决定的，它仅仅取决于创造的事实。任何人可以依据自己丰富的创造成果，提醒校长加薪。因为我们团队的文化中有一条“不轻率抛弃教师”的原则，所以一个人如果许多年没有加薪（更换岗位减薪倒是更正常不过的），要么意味着他已经达到了团队薪水的顶层，要么是他这些年的创造始终没有超越这个薪水的水平。

与教师工资并非无关的团队文化还有：

南明教育集团董事长和董事占有股份，但零分红，利益完全归于集体。

团队中设定的最高工资，不超过一线教师平均工资的三倍。

旗下学校不购置领导用车，严格限制包括头等舱、商务座、五星级酒店、名酒在内的奢侈消费。

凡一个教师的课程创造成了团队财富，达到一定数量的，团队必须支付报酬。

所有个人在工作中的创造，哪怕是团队支付薪水的专项课题，除事先签署特别协议的个别情况外，无论署名权还是稿酬等利益，一律归个人所有，团队只有分享权，绝不能剽窃为己有，或移到别人名下。

团队历史上已经创造最多知识财富的干国祥，本人及其家属现在及今后均不得为其创造向团队索取创造酬劳。

以往的团队成员创造，财务已经基本结清，不再成为未来的负担或分利因素。

……

成就

讲着讲着，我们已经从“高薪”讲到了“成就”。因为我们顽固地认为，就从事教育一职而言，成就比高薪更重要。而且高薪必然有上限，成就则从来不设上限。

成就教师，是这个团队的核心文化，也是这个团队的历史传统。新教育研究中心成就了多少教师，为了保持谦逊，在这里不再一一列名。

无论是大漠中的罕台小学，还是北京曾经的丰台新教育学校，世人向我们致敬的原因之一，就是看到这个团队中教师不断自我发展的事实：仁的日益充沛、智的日益提升、勇的日益沉积。

“全人之美”课程，是一个除国家课程外迄今为止国内最宏大的体系构想，它的完全实现，需要无数个像“在农历的天空下”“毛虫与蝴蝶”“读写绘”“深度语文”这类子课程的创新，这意味着将有无数个教师，像马玲等人一样，成为校园戏剧专家，成为童书和童心专家，成为真正的心理治疗师，成为文本解读专家，成为历史、地理、自然课程的课程开发者，成为资深的项目设计师，成为思辨大师，成为各类名家……

这是团队必需的梦想。在此梦想下，即便是团队元老、培训专家魏智渊，也会发出类似“我还真算不上一个学习者”的由衷感慨。

需要你来。

创造之名将归之于你——但你也得遵守人世间已约定的相关规则，不剽窃，懂共享。

创造之利将归之于你，你无限地发展了自己，就是团队在不断地发展着自己。这就是团队最大的价值——哪怕你因故离去，这仍然是团队的财富与骄傲。

但我相信若不是特别的原因，在你获得成就之后，你并不会轻易地离开。

归属

这就讲到了“归属”这个话题。

在这里，南明教育确实是有野心的。但这个野心并非想要唯我独尊地改变中国教育，并非想把“全人之美”课程普及全中国。南明教育背后的哲学认为：任何独尊、一统的结果就是创造力的沦丧，最好的理论、最好的模式，都不应该成为社会、人类唯一的生存形态。天下一统不是人类的福音，而是人类的愚蠢。

我们的野心是成为创造洪流中生生不息的、独特的、恒久的一支——请尽可能不要用“最”字作为前缀，除非它已经是活生生的事实。你会下意识地想起百年老店，但教育与思想不是工艺制造，也不是宗教传承，除非基于思想传统的恒久创新，否则它将无法赢得未来的生存权。

基于传统的创新、创新的传统，这就是南明书写了十年，还将不断书写的“道统”。如果一定要用什么与之比拟的话，那么我们希望它像融合了中外、创造于中国的“禅宗”：无数个思想汇成一条河流的源头，从一粒种子长成大树又在生长中不断地伸展出新的枝丫。未来有一天，南明分成几支那又如何？未来有一天有人批判反思了今天的南明，创造出更高层级的课程系统那又如何？这就是南明教育想要的创造史，也就是宇宙、人类和每个自我实现者的生命史。

基于同情理解的真诚批判就是最真诚的继承，如亚里士多德之于柏拉图，如王阳明之于朱熹等儒学前辈。在此意义上，南明教育就是南明书院。加盟南明教育，走到浅处，是怀一份必要的敬意安心工作，走到深处，就是承接一份批判反思、恒久创新的传统。

不认可这一道统时，你尽管为了一份不错的工资或浓郁的教研氛围在南明教育旗下的学校工作，没有任何人需要你效忠，南明教育也拒绝人对人的效忠。认可这一道统时，这就意味着你将担当起教育教学以外的另一份“职业”，另一份“重任”，在此时，无论你身居何职，事实上你已经成为南明教育的领导者、言说者、创造者。

任何一个加盟南明教育的人，无论学历、年龄、学科，都应该有当校长、总校长，以及接过重担当董事长、CEO 的雄心。但是你须明白，这只是责任，不是权力。为了权力而来，直奔权力而去的，在这里很难得到持久的认同。

一个我们最喜欢的比喻，就是西天取经的团队。最有本事的，并不是真正的领导，但他得到了最热烈的喜爱和尊敬。领导总是只基于原则和仁心的。哪怕你带着自身的所有欲望，譬如好色、好食如猪八戒，那也并不是什么必须半途丢下的罪恶，而仅仅是需要及时升华的必要躯壳。

并不卓越的沙僧，出身名贵但犯下大罪的白龙马，皆用他们最大的信心、信任，同样走到了灵山。

相同的尺码，仅仅表示对已有历史和文化必要的尊敬，而且尊敬也并非不可以批判。相同的尺码并不表示相同的志趣、性格、能力。恰恰相反，必须相异，我们才能互补，才能成为一个更具创新潜力的团队。

你并不完美，身上伤痕累累，心里死结缠绕。我们不会把你的缺点视为你的优点，而视为你独特自我的必然组成。我们欢迎的不是你的缺点与疾病，而是和我们一样的一个必然带着缺陷的有限存在。南明教育团队并没有义务为你疗伤治痛，但它能够像容忍自身的不完美那样，容忍你任何时刻的不完美。我们追求的并不是完美，而是一个有缺陷的人，能够最大可能地为自己、为别人、为世界创造一点什么。

你不喜欢干国祥或王志江，并不会妨碍你未来担任这个团队最高的责任者——只要你的创造在历史中得到证明，你描绘的愿景得到未来团队成员的信赖。

自　由

是的，其实我们已经在讨论关于“自由”的问题。

南明教育团队，是既在制度层面上坚信、坚守消极自由，又在教育层面上坚信、坚守积极自由的。

消极自由，在学校中，就是表示一个教师在承担了应尽事务后有“不作为”的自由，有跳出原有的课程逻辑，进行新尝试的自由，有想走走弯路的自由，有想落叶的自由，有想忧郁的自由，当然，自然更有绽放、言说的自由。拿较低的工资，不试图成为榜样，这并不是可耻的，而且这也并不意味着你没有对团队做出贡献——回头看看西天取经中的八戒、沙僧和白龙马就是了。而且我们坚信，创造的最必要前提就是自由。

对消极自由的坚守，意味着每一个人的奋发是基于自己的决心，而不是校长们的鞭子，意味着团队相信，只有自由人才能创造出真正美好、卓越的教育。

自由是创造的前提。无所用心，不知所归，岁月浪费浪费又浪费，尝试着迈出的每一步总是出错出错又出错……所有这一切，乃是创造必要的沃土。请相信，莲花只能生长在淤泥里，鲜花最好种在发酵过的牛粪上。

南明教育是教育淤泥中的莲花，但是南明教育自身，南明团队中每一个教师的生长，却仍然必须以自身的“淤泥”为营养。

犯错是必然的，可怕的是在机制中完全剔除了犯错的可能性，可怕的是犯绝对不能犯的低级错误（玩火自焚、触电自亡），可怕的是一再犯同一个错误，可怕的是不仅为了面子一时拒绝承认错误，而且在内心里压根就拒绝别人指出自己的错误（多么羸弱的自我啊）。

触犯既定规则的错误是没必要犯的——虽然规则本身永远是可以探讨、质疑的，但规则未修改之前，它依然绝对地有效。

而教育、课程的探索则本无对错，它是一个传统、一组基因的自然变异。在下一个路口赢得世界的，就正确，没能赢得存在权力的，就权当它是错误——更多的时候，它只是出现在了错误的时间和地点的伟大可能性而已。

我们相信，意义只能从虚无中诞生。

我们相信，创新只能从错误中诞生。

我们相信，担当只能由自由者担当。

这就是我们对消极自由坚守的原因，而这其实已经溢出制度，绵延到积极自由的话题。

南明教育不是儒家继承者，它同时是儒家、道家乃至于佛家，以及西方哲学、西方文化的继承者——以批判反思的方式。然而我们并不讳言，儒家的语言被南明的首批创业者更高频地使用，用它们来阐释南明教育的“逻各斯”或“大道”。

我们相信人性本可以善良、理性、充满无限的创造——不是偶然，而是绝对的可能性。这就是我们理解的“人性本善”。

我们相信，一个人最高的成就，就是“成己、成人、成全世界”，这就是《中庸》的“自诚明”和“自明诚”，这就是《论语》的“己欲立而立人，己欲达而达人”，这就是《孟子》的“四端”和“推恩”，这就是王阳明的“此心光明”，这就是马斯洛的“自我实现者”，这就是佛陀的“慈悲”。

我们相信，道家的“自然”尽头，站着的不是无人的天地，而是人的“自由”。自由是自然的延续，是自然的最高境界；人类是自然的觉醒和道说，是天道的自我实现。天与人，互不相胜：天胜人，则黯淡于自然主义的虚弱；人胜天，则毁灭于无神主义的狂躁。

人是自然的最高状态。神是人类的最高属性。神不是某个女人或老头，而是人类把最敬畏、最美好、最崇高的自身属性，外化于一个词语，并且再赋予人的形象。

神是镜子里我们能看到或看不到的最好的自己。

这就是南明开端处“积极自由”的含义，它有待后来者将之否定，将原稿保存并且不断改写。

改写就是南明教育的延续与发展，改写就是南明教育真正的生存与进化。

南明教育等候着下一代命名者、解释者、叙事者。

余　音

你在哪里？

和我们一样曾经不安于体制、不安于教条、不安于应试的你，这里有一条尽头和终点叫作“远方”的道路，这里有一群自由游戏者，一群可以歌唱着走向暮年乃至死亡的自由人，在等候你带来你的歌声、你的故事、你的创造。

教育的“尺码”

我们这群人喜欢说“尺码相同”，这个概念最初来自一本童书。它本是说，有些人天生就不懂诗歌，也不懂热爱诗歌者对诗歌的热爱，因为他们彼此间尺码不同。

南明教育人拈出这个词语，本想说：我们就是热爱教育，把教育当成乐趣的源泉，当成终有一死者的意义寄托。这是理想主义的旗号，但用在管理上其实很危险。它既排斥了并不把教育当成生命意义的专业精英，又让一些平庸的信徒，借虚无缥缈的信仰之名，降低了教育品质而不以为耻。

所以我曾一再说，尺码相近就可以了，没有必要苛求尺码相同。但“尺码相同”这个词语很顽强地生存了下来，我们只能赋予它更好的诠释，才能避免继续被滥用、误用。也就是说，我们必须通过一次次言说，澄清自己所说的“尺码”究竟是什么。

我个人以为，它首先得是卓越。

卓越是什么？卓越就是拒绝平庸，拒绝一天又一天浪费自己和学生的生命，就是渴望自己的教室和课程时不时绽放出生命的火花，能清晰地聆听到生命拔节成长的声音。如果今天还不够卓越，那么至少清晰地表现出对卓越的渴望和追求，如“君子好逑”“寤寐思服”般的热烈和清晰。

生命可以是安静的，是内向的，是羞怯的，甚至可以如年轻时的我那样，是“无为”的，但如果不能呈现出对崇高、优美、深邃、精致、文雅等美好形态的不息追求，它至少此刻是平庸的，是暂时不符合南明教育团队的尺码的。

其次，是热，是爱，是对教育（孩子、生命、所教知识）的温情或热爱。

冷漠是南明教育的天敌！那种对学生毫无感情，对知识毫无兴趣，课上得死气沉沉却责怪学生不够优秀，学生不喜欢自己所教的学科却从不反躬自省，仅仅靠行为主义方法，像驱动小白鼠那样驱动学生，让他们在应试教育的模式下玩命刷题，进而让自己所教学科的平均分也不算很低的教师，乃是我们最主要的敌人，我们视这样的教师为教育生态的摧毁者、生命的摧残者。

再次，是愿意共享、分享，愿意一道把蛋糕做大，而不是自己在小小的蛋糕中占有最大份额。

也就是说，我们理解人类天生的嫉妒、猜忌、好胜、要强，但我们更倡导合作、团结、共享、慷慨。“全人之美”课程是个内部共享系统和共享机制，一旦停止共享，它的活力就开始下降。但停止共享的行为往往源于个别人只想借别人发展自己，自己却不愿帮助别人发展。这些人不清楚，南明教育团队评价一个人的成就、发展，本就主要看你向大家共享了多少，而不是你超越了谁谁谁。只进不出的人，如果还想凭所谓的自己的技能在这里高人一等，就是南辕北辙、缘木求鱼，事实上是你来错了地方，也不可能待太久。

当然，没有人可以要求其他人向他共享，共享是个古老的机制，礼尚往来，投桃报李，你岂会真的不懂。但至少团队本身，你是必须与之共享的，你已经共享给它的，达到你从中共享的十分之一了吗?

最后，是担当，是舍我其谁，是“我来吧”“让我来试试吧”的习惯。

没有一种办法，可以把人的岗位提前安排妥当，正好对应他的薪资所得，永远不必添加也不能再添加额外事务。事实上，不可预测的事务一直在发生，它由那些视南明教育或具体某校为己任的人承担着，从解说、招聘，到搬运货物，白领蓝领的活都在干，而且很多人从来就没看到——只是，这样的人不可能最终被淹没。一次挺身而出未必有掌声和感谢，屡屡挺身而出，已经无意中把自己活成了领导者。

南明教育没有人事壁垒，任何一个舍我其谁的担当者（且不会时时念着工作量、休息时间、其他人在做什么），如果兼具以上所说的卓越、热爱、共享（慷慨），那么他最终就是南明教育一直渴望着的领导者。

除此之外，张砷镓老师补充：终身学习。

他未必要嗜书如命手不释卷，但他在需要时能一字不落地啃读一本厚厚的经典，哪怕是没有翻译的原版书。他应该还没有泯灭对未知的好奇心，对进入和征服新领域充满渴望，抛掉成见和传统的枷锁，让自己永远拥有无限的可能性。魏智渊老师以不惑之年，在工作之余学编程、学健美操、学吉他，给我们做了一个很好的典范！

还有哪些，是南明教育的“尺码”？

遥想网师文化

网师，应该拥有一种怎样的文化？或者说，网师有一种怎样的生活方式？它应该具有一种怎样的氛围？这种氛围将如何把有相近志趣的人们吸引到一起，又不断地把萌芽的愿望，磨砺成坚守网师品质的信仰？而旁观的人又将如何把网师人从其他人中辨别出来？网师经历，将使网师人拥有一种怎样的独特气质，或者说文化标志？

在“网师文化”的思考前面，加上“遥想”二字，有两个原因：

一、文化并不是由一群人在屋子里闷头空想就可以被创造出来的，也许这种思考很深入、很细致和全面，但毕竟它只是对文化的一种憧憬，还不能称为文化。文化不是文字，文化不是标语口号，文化也不只是自我宣告，文化是我们最终形成的那个样子：一个团队的样子，和其中每个真正穿越者个体的样子。

二、即便作为一种梦想、一种计划，我想象中的网师文化纲要，也不能由一个人，或几个人草拟与决定。它最终是由一群气息相近的人，在漫长的共同生活中切磋琢磨，慢慢地形成的。我虽然名为网师的第一任执行院长，但其实网师的实际主持者是魏智渊，真正的院长则是朱永新老师。但纵然我们三个人意见完全一致，也不能说网师的文化就这样定了——那么我一个人在周末的这点遐思，就权当是一种个人遥想，一种抛个人之砖，以引大家之玉的意见吧。

追随孔子的思考方式，我也喜欢从历史的长河中，去寻找那些卓越的榜样，以他们为自己的方向与目标，超越当下的自身。也许在这样的追寻过程中，有些榜样将会被超越，但是这种追寻的方式则是稳固的，它总是打着“复兴”与“仿效”的旗号，创造着独一无二的自我。追随周公的孔子，成为一个文化最伟大的原创者；号称复兴希腊罗马文化的文艺复兴，则开启了欧洲一个前所未有的新时代，并影响着整个人类的文明进程。

那么网师文化的楷模，可以是历史上的哪些团队呢？

大家首先会想到西天取经的唐僧团队。是的，这是从一开始就确定了的，而且这也许是最为恰当与形象的。只不过这个故事毕竟是一个神话传说，它只是一个比喻与象征。毕竟《西游记》中的唐僧一行，不是以教育研究者实践者的身份出现在我们的故事中。历史上的高僧玄奘倒确实是一个学术研究的伟大楷模，和在他之前魏晋的僧肇、道生、王弼一样，他们确实曾经创造了中国佛教思想的辉煌时代，那也是我心仪的时代与场景，不过这并不是《西游记》这个伟大故事中，我们所要寻找的团队文化的精神。

我曾经深入了解了一个著名的教育团队，他们那种宁静祥和的氛围，民主共议的管理方式，是我们所缺少的。我曾经不止一次地问过自己：新教育研究中心或者网师如果最终发展成这样，还符不符合我们的初衷？

在这样的追问中，我们逐渐清晰自己是谁，以及自己的使命之所在。我们发现，前述教育团队的稳定，维系于一个卓越者——他的思想作为绝对的原则在组织中起着决定性的作用。这个优秀的团队中，也始终不乏优秀者。

在某种意义上，这个团队的全部理论话语始终停留在创始人的话语中，当然，这一话语不能够轻易地与团队发展之后的心理学、教育学和哲学成果相融合。而如果后继者想要逾越这个边界，其结果就可能是整个话语系统的改观。

而教育研究和改革者因为定位、梦想的不同，注定要寻找自己的语言，不愿意把任何语言本身当成不可逾越的起点。我们需要开发、创造、寻找真理。

网师最近的热点是《论语》课程。孔子及其弟子们，也许是中国历史上最伟大的文化团队。我想说，由一个卓越者，守护着一种信念，汇聚起一批有志之士，最终，卓越者本人仅仅有片言只语记录于《论语》中，而在他之后，有《大学》《中庸》《易传》这样更为哲学化的文本出现，且构成了供道家与墨家批评的最初的声音，在争鸣中再形成自己的后继者《孟子》和《荀子》的思想……

这是中国思想史上最为辉煌的一个时代，这个时代奠定了中国文化成为世界级文化原创者的地位。而这个时代的辉煌起源于一个人坚定的自我主张——同时也是仁爱的主张，起源于一批卓越的追随者共同把一个原本质朴的梦想（自我实现，社会稳定，人民安康，礼仪之邦），推进到可以称之为文化思想的高度。

这一境界，在当事人而言，只是“己欲立而立人，己欲达而达人”，努力将上天赋予自己的仁心，扩充到自己的全部生命，扩充到身边的每一个遭遇者，进而通过文字、声音和自身的形象，超越时间和空间，恩惠于所有的有缘人。这样就有了后世儒者所概括的儒者的使命：“为天地立心，为生民立命，为往圣继绝学，为万世开太平。”

一个教室与天下并没有大小之别。我当然知道我们不能因为自己的教室，而漠视了天下的存在，但是我们的天命，总须落在某个情境中，世界对我们来说永远不可能是全部物质、生命与现象，而永远只是我们有缘相逢的那一部分。我们承担起这一部分，甚至是这部分中那属于我们应该担当的部分，也就是我们所担当起的世界的全部。

所以后世认为孔子为中国文化做出了开天辟地之功，但对他自己而言，也从来只是“思不出位”，做官时努力去完成自己使命中的正义，教育时努力让每一个学生因自己而有所启发、有所进益……仅此而已。

我想，最伟大的团队，也并不是由神话中的超人组成的，事实上，他们也只是与我们一样，是有着平凡肉体，会受伤、会饥饿、会痛苦的人。当遭遇困难时，也会有抱怨与牢骚。如子路会在困于陈国时，生气地质问孔子：“君子亦有穷乎？”如孔子自己，也会在抱负得不到施展时，发一发“知我者其天乎”或者“乘桴浮于海”的悲叹，不太像自己嘴里的“仁者无忧”的君子。那么他们何以成为卓越者？何以成为一个伟大文化传统的开创者呢？

答案就在孔子对子路质疑的回复中：“君子固穷，小人穷斯滥矣。”而另一个年轻的学生曾参，则在自己领悟到这个道理后，以更积极的方式表达：“士不可以不弘毅，任重而道远。仁以为己任，不亦重乎？死而后已，不亦远乎？”

平庸者自然有平庸的权利，但成为平庸的真正原因，却并不是说他本就希望平庸，而只是因为“靡不有初，鲜克有终”而已。当卓越标准、卓越梦想遭遇困难的时候，我们有太多的理由说服自己放下、解脱、休息、放弃了。

如果放下只是如落叶树那样在严寒降临时所采取的一种应对智慧，它承诺自己会在下一个春天来临时让新叶如花般怒放，那么这并无损于卓越梦想的初衷。只是我们知道，许多放下，事实上就是整个生命的萎失于地，有时还蒙上一层雅致生活甚至道家思想的华丽表皮。

我早就觉察到自己的话题又再度偏离——我想说的是网师的文化，但不知不觉中，又在讨论网师成立之初的第一精神：卓越标准。

莫非这也是网师文化中的应有之义？

我心目中最理想的网师楷模，其实并非孔子和他的弟子们。我认为，除了那些文化原创时刻，一个最理想的团队，包括团队文化，也许不以这样的方式应该会更好——我想说的是，思想的创造不应该是一次性的，不应该是一个人天才般地发明什么之后，使得后来者可以一劳永逸地享有这种思想。

如果后世儒者只是遵奉孔子的言论，只是遵奉他的思想，而不是努力让自己成为同样的思想创造者、仁心扩充者、新的语言的创造者，那么事实上这个团队的生命力也就只有一次，后面只是它的余波余音，它的创造性在一开始就完成并且结束——你也可以说是死亡。

事实上儒家传统并非如此，不仅孔子的弟子们开创了儒家真正的学派，而且在整个漫长的历史中，这种创造者都没有完全地断绝过。在宋朝，还有过一次同样高度的复兴。不想再复述那些辉煌的历史了，我发现自己又沉溺于前人的卓越，而忘记自己身居何处了。

网师的使命其实从它成立的时候就是清晰的，没有这个使命，网师也不会出现在这个世界之中。这个使命我姑且这样表述：探索理想教师所应该走过的修炼道路，培植一批以卓越为标准的新教育教师。同时也让新教育实验拥有成熟的实验逻辑与样本，我们可以据此而向世界说：喏，它就在这里！或者这样说：喏，它就是这个样子的！

也许会有那么一天，这个标准会被网师的后继者认为是精英主义，或者过度的理想主义，而修改得更为亲切动人。不过我相信，那可能也就是它完成使命，可以从这个世界上消失的时刻到了。也就是说，纵然那时候还存在着网师，那说的也是另外一个故事了。就像我们永远不可能从明朝清朝一般平庸的儒者身上，再度想象出孔子、孟子心目中的儒者风范了。

所以我认为，在文化的中心，应该有一个魂。就像儒家思想的核心，是“生生不息的生命创造”与“己立立人，己达达人”的“仁心”一样，在网师文化的中心，应该是“卓越”，应该是“成为宇宙生命创造工程的最后完成者”。

如何让每一个网师人“立”起来“达”起来？

围绕着这个问题，网师文化将慢慢地形成。对此问题的成功解答将让网师拥有优秀的网师文化，对此问题的错误解答将让网师最终形成拙劣的网师文化。

在今天，对以上问题的回答刚刚开始，远未有答案。也就是说，今天说网师已经拥有了自己的文化还为时尚早，我们最多只能依据确立的使命、愿景，来想象一种应然的文化。

以下仅是个人的臆想，不能代表网师整体，同时也很不成熟，一切刚刚开始，如芦芽在渐涨的春水中萌生，蒹葭的歌声未起，芦花的诗歌未成，大雁未过，万物未被命名，历史的卷册尚未展开……一切等候着你的到来，你的书写，等待你成为应然的自己，进而成为网师中的一个闪亮名字，成为网师文化的创造与见证。

一、网师是应该有自己的历史传统的，它有着漫长的过去，或者说它把漫长的过去当成自己故事的前言，这过去将是网师的一部分，是网师借以言说自己的元语言。而这个过去，是人类在这星球上自我诞生、自我创造的历史，尤其是中国人在这片土地上自我诞生、自我创造的历史，更是以儒家为主的中国思想在此诞生创造的历史。所以，先秦和唐宋的儒家思想，杜威和苏霍姆林斯基的教育思想，陶行知等人在新纪元的教育革新努力，都将是新教育的前身，也是网师的前身。我们从这里来，从这里开始，讲述一个全新的故事。

故事还可以有另外的完全不同的讲述方式，譬如华德福人以史代纳为故事的开始，日本人或者北美人也会有自己的开端，那将是他们的伟大叙事。但我们要清楚自己的开始，这将使得一种文化带上自己特定的传统。当然这并不表明，我们必须视另外的文化为寇仇——因为儒家的天下概念中，异端并不是一个贬义词，它是一个要被尊重和保护的词语。

二、网师是应该有自己的经典的。特定的过去，特定的使命，决定哪些人物将是我们的楷模，哪些文本将是我们的经典，而哪些则不是。而在经典的复活过程中，文化的意蕴将得到重新阐释与创造——就像宋朝的儒者借先秦儒学开始一个新的创造时期一样，这种特定的经典诠释，将让自己拥有独特的观点与风格。

满足于轻率的批判，事实上不会走得太远，因为当我们想要真正的批评时，我们就不得不拥有一个可靠的尺度。也就是说，除非建立起自己的语言、自己的叙事、自己的标准，否则批判将只是油滑的自我表现，而这种表现并不会留下多少有价值的东西，它既不立己，更不立人。

三、我们将在前二者的基础上，书写出自己的传奇故事和经典文本，而只有它们，才是我们存在的确证，也是我们文化创造的事实。

接续一个传统，承认哪些成为我们的经典，这都只是故事的序言，文化的真谛在于我们自己成为创造者。而界定这是网师，而不是社会流行的任何一个个体或者团队书写创造的，是我们应该对传奇和书写有自己的界定，有着自己的独特标准。

所以我想，我们要书写的文本首先应该是教室和课程，或者说是孩子们的生命。教室与校园，是我们的空间；课程，是我们的历史时间（时间必须作用于我们的生命过程，而不是那与我们的存在可以无关的钟表走动）。所以网师人永远不应该忘记这一点：我将是一个教师，一个所教学科的虔诚的传教士，一个卓越课程的开发者，一个完美教室与完美校园的缔造者。

这将限定我们的故事，主要不是在舞台上表演；它将限定我们的书写，主要不取决于销量有多大，而是以我们的教室，以我们的学生作为最重要甚至唯一的证据，宣告我们作为教师的存在。（同时，我们将在另外的领域以另外的标准去担当自己，做一个公民，做一个父亲或母亲，做一个儿子或女儿。但我们不能把另外领域的成败，和此一天命相混淆。）

四、网师人是体认到以教育职业为自己的天命，并全力去担当此天命的。

终于说到天命和担当了。网师的文化中，和卓越标准同样重要的，和敬畏经典、创造自我同样重要的，也许是担当天命这个概念吧。

一次次地，我们重复着告诉自己“不当阴冷的虚无主义者”。我们可以怀疑，可以批判，可以彷徨，但是不能像阴冷的虚无主义者那样，把世界的全部责任从自己身上一推了之，把自己的学科教学的平庸推诿给教材编写者（教材确实编得不好），把从事教育的某些罪过全部推诿给体制（体制确实并不完美，需要不断改进），把教室的平庸推诿给校长和家长（他们也是有责任的，但谁是最后的承担者呢）……

五、敬畏经典、高手，但绝不盲从。相信自己，承认自己是叙事的唯一主体，但绝不自以为是，尤其不自大到拒绝认可榜样、经典的存在。所以，在网师中，自信与敬畏应该是一体的，尊重与相互质疑应该是一体的，切磋琢磨和相互勉励应该是一体的……

当仁不让于师，吾爱吾师但同样热爱真理，吾爱经典但绝不盲目地认为经典里面每句话都是可以超越具体情境的真理。有宗教的虔诚，但不承认存在着绝对的永恒的超越于时空的已经被书写成人类语言的圣经与教育真理。

还有哪些呢？像孔子念念不忘“巧言令色，鲜矣仁”“其言也讱”一样，还有哪些词将被我们反复提及，最后成为刻写于网师人身上的一种气质呢？

孜孜不倦？发愤忘食？乐以忘忧？

今天我只是一个人在喃喃自语，但文化最终是大家的语言，是所有人都在言说的过程中，那些终于保留下来成为共同语言的独特声音。但无论如何，我相信，网师将如一枝脆弱的芦苇，终于成长于大地之上，并逐渐繁衍出无尽的生机。

然后，秦风由此涌起：蒹葭苍苍，白露为霜。所谓伊人，在水一方……（《诗经·秦风·蒹葭》）

然后，故事由此涌起，大雁飞过，沧桑变过，有更年轻的人将前来，站在这古老的苇滩诉说他自己的故事：

> 芦花丛中
> 村庄是一只白色的船
> 我妹妹叫芦花
> 我妹妹很美丽
>
> （海子诗歌《村庄》片段）

我的话已经说得太多，该你上场，说说你的故事了。

谁站在学校的正中央

想创建一所伟大的学校，希望它初创时的理念可以传承千百年而依然真切、新颖，不妨用这个问题向自己提问：谁，应该站在学校的正中央？

所有坚持这一追问的学校，都已经触及了某种伟大的边缘，保持追问比获得答案更为重要，尤其是这个问题很可能是所有教育问题中最为本质的那个。对这个问题，重要的不是鉴别众多答案的是非对错，而是要鉴别：谁对这个问题的理解与诠释更加深刻？

似乎有一种回答已经被彻底遗弃于历史：道德，应该站在学校的正中央。

其实它的各种变形，一直试图找回原本属于它的地位，甚至直到今天，许多学校依然像对待一个太上皇那样，让它处在学校教育的正上方——正中央让位于分数、让位于知识，但刚刚掌权的君主知道自己并没有合法性，所以它尊道德为太上皇，但其实有名无实，徒有其表而已。

道德主义的废黜，并非因为道德在一个人的生命中变得不再重要，而是道德主义最容易蜕变为“被灌输一套道德教条”，甚至虚伪地记忆、复述一套道德话语来替代道德。替代原来道德教育中必不可少那部分的，将是对社会规范、契约精神、游戏规则的重视与习得。而古老的道德箴言，也将在新的语境中被重新领会。

毫无疑问，今天绝大多数的学校，实际上奉行的是“让分数站在学校的正中央”。凡存在者，必有其存在的理由。在教育发展的道路上，在中华民族精神的发育过程中，这样的“坎陷”，也并非没有合理性——那么多人疯狂追求，不一定就是错的，但这样的疯狂和执着，一定需要被同情地理解，才能更好地批判。

以分数为中心的教育，反映了一部分人刻骨铭心的饥饿恐慌。害怕被时代淘汰，害怕被排挤在外，害怕被剥夺吃饱饭的基本权益……所有这些害怕堆积在教育里，教育怎么可能不扭曲？

这时候，学什么并不重要，重要的是不被淘汰出局。哪怕是在一场竞争谁更蠢笨的比赛上，也不能被淘汰出局。结果，“聪明人”成功地比笨人显得更蠢笨，从而把笨人淘汰出局！

认识到分数并不就是知识，这是应试教育带给国家最大的弊病。因为国家并不关心谁赢得比赛，它希望遴选到自己想要的人才——在救亡乃至强国的国际竞赛中，知识就是力量，科技创新则意味着胜利。“让知识站在学校的正中央”，这是许多学校坦然亮出的教育旗帜。如果你认为死知识不代表真知识，那我们可以进行诠释，或者，直接修改一下教育口号：“让求知站在学校的正中央！”甚至是：“让真理站在学校的正中央！”

如果本真的教育是为了启蒙，是为了把人从生物性中提升出来，成为人文、理性、审美的人，那么又该把什么放在学校的正中央呢？

教育确实就是启蒙，但不一定就是启蒙运动意义上的“政治启蒙”，而是文化意义上的启蒙：通过授予既定的社会文化，一个自然人被塑造成为社会人、文化人，懂得人之为人的意义与价值，并努力成为某个共同体中的优秀一员。

在这个时候，事实上学校奉行的首先是“让教师站在学校的正中央”。因为教师是传道授业解惑者，是社会文化的代言人，是道德、规则、知识的事实上的解释权拥有者。无论是“天地君亲师”还是“天地国亲师”，教师都被抬举到了和天地、国家、双亲并列的崇高地位。这样的选择并非错误，虽然我们今天已经很难再毫无顾虑地这样宣传，但是自有人类以来，也许这个答案存在的寿命最长。

自从童年的价值被发现以来，也就是自从卢梭和杜威的教育哲学成为显学以来，“让学生站在学校的正中央”越来越多地被人们所接受。

对卢梭而言，儿童中心或者儿童尺度，乃是一种警惕现代教育的价值判断——事实上许多引用卢梭的学校以及教育著作，从根本上都是卢梭最为反对的，估计他本人看到这些人的推崇与引用，会一气之下烧掉自己的著作，免得后人滥用。因为卢梭的教育思想更多的是自然主义的，它和我们当前的教育风气格格不入。

对杜威而言，学习过程与学习规律的发现，决定了教育与课程都需要重新安排。杜威并非后人所谓的儿童中心论者，他强调的是从儿童出发，按照儿童实际能理解、能接受的方式进行教育。打个比方，就是他要求以小树苗的方式照料小树苗，但不是为了让小树苗停留在小树苗——小树苗必须成长为大树。

在此意义上，“让孩子站在学校正中央”就有了成熟的教育学理由。但是，正如这个问题从一开始就呈现出来的复杂性那样，对任何一极的推举，必然忽略了其他几个因素不可或缺的作用——我们可以用解释学弥补这个不足，但无论怎样弥补，任何一个教育宣言，都注定在强调一些因素的同时，会贬损其他一些因素。

一种折中的方案被聪明地设想：“让对话站在学校的正中央。”而且这种方案还得到了古今哲学的支持：从苏格拉底的哲学对话、柏拉图的对话体哲学，到今天的对话哲学，西方思想一直把对话当成自己教育传统的最大优点。而东方也支持对话，至少对中国人而言，从孔门的《论语》，到诸子百家著作间的隔空对话，再到《近思录》《传习录》，尤其是儒释道三者之间构成的思想对峙，对话，一直荡漾在历史的深处。

但是，正如以上东西方传统所表明的那样，真正的教育传统与其说是对话，不如说是与伟大对话。也就是说，是与传统中最伟大者、被尊为经典者，进行对话，而不仅仅是学生之间、师生之间展开聊天。没有经典，就无法让对话站在学校正中央，而只能是菜市场式的喧哗、喧嚣、喧闹。

如果是我为自己和孩子做选择，我宁可选择“让伟大站在学校的正中央”，选择与伟大对话，与人类历史中最伟大的典籍对话。选择与伟大对话，就是认定千变万化的世界里，有不变的核心。而自从有文明以来，所有人类中的伟大者，都对这些不变的问题，做出了艰苦卓绝的探索。与伟大对话，就是保持这一探索。

我知道任何选择都并不完美，都必将招致被忽略因素的强烈反弹，但与其害怕被批评而不敢做出选择，不如旗帜鲜明地向自己的因缘世界表明自己的价值取向。

博雅教育≠广博+优雅

东西方的博雅教育都是“不合时宜”的，都是“眼高于顶”的。它们爱自由、爱经典，和眼前的时代保持着适当的距离……

老一辈的翻译家真是牛，比如把西方的“物理学之后”翻译为“形而上学”——西方哲学家当然没有听说过“形而上者谓之道，形而下者谓之器”，但一定会欣然接受这样的“神级”翻译。

同样，把 Liberal Education 翻译为“博雅教育”，也是一次“神”翻译，因为 Liberal 的本义侧重在自由、宽容，即使作为词组的 Liberal Education，西方也主要指自由教育、人文教育，以区别于专门的技术教育、职业教育。

1. 博雅＝渊博雅正

汉语中本来就有“博雅”这个词语，意思就是“渊博雅正”，这个词能够溯源到汉朝，一般和“好古”联系在一起。而“好古”这个词语，从孔子开始，就不是指对古代的迷恋，而是对经典的迷恋，是对人类历史规则的好奇。

汉朝的孔安国在《书经》序言中说：“若好古博雅君子，与我同志，亦所不隐也。”

同样是汉朝的王逸在《楚辞章句·〈招隐士〉序》中说:“昔淮南王安博雅好古，招怀天下俊伟之士。”

以上两处“博雅”都与“好古”联系在一起，而且结合孔安国这个孔子后代，刘安这个主创、主编《淮南子》的野心诸侯，结合这两人的身份，都可知“博雅”的“雅”，都并非某些人心目中“优雅”的意思，而是《诗经》中“风雅颂”中“雅”的意思，它和“风”相对，表示“正统”“正规”“典范”。

2. Liberal Education

命名即真理。今天我们讨论“博雅教育”，就不能像西方人那样从Liberal Education的本义来讨论，而必须考虑到一个问题:我们的文化本源中，儒家的教育传统中，有没有Liberal Education或者博雅教育所倡导的东西?

假如Liberal Education重点在人文通识，重点在通过经典阅读捍卫人类共识、思想高度的话，那么儒家对“四书五经”的尊崇肯定是有过之而无不及的人文通识教育，虽然儒家对经典的阅读一度是原教旨主义的，是只能“我注六经”的，而堵塞了思想的自由、创造。

假如Liberal Education是对职业教育的反动，那么儒家的君子教育、士绅教育，就是最旗帜鲜明区别于职业教育和专门技术教育的，虽然科举制度使得做官也成了一种职业，和今天加入大公司、上班领工资没有多大的差别。

3. 博雅的“博”，博雅的“雅”

似乎许多事物需要回到它创生的源头，才能看清它的生机。博雅教育需要回到它的源头重新理解。Liberal Education 需要回到古希腊和古罗马的贵族教育重新领会，中国的博雅教育，需要回到孔子时代的教育重新理解。

于是我们看到了“六艺”和“七艺”，这是古代博雅教育中的“博”。

“六艺”指礼（礼仪）、乐（音乐）、射（射箭）、御（驾车）、书（识字）、数（计算）这六种课程，是孔子时代贵族的必修课。而孔子之后的孔门，在此基础上，也是适应时代发展，提出了以《诗》《书》《礼》《乐》《易》《春秋》六种经书替代旧六艺，勉强可以称为“儒门六艺”，以区别于“周代六艺”。“周代六艺”是博雅的“博”，“儒门六艺”是博雅的“雅”。

“七艺”是古希腊的课程，后来传入了罗马。据说这七门课程是：逻辑、语法、修辞、数学、几何、天文、音乐。

无论是“六艺”还是“七艺”，都是文明最初时候的课程框架，它们一定会“不合时宜”，但不合时宜，不一定意味着错了。

今天，我们依然按照“六艺”或者“七艺”的方式去教学肯定不妥了，这个不妥不是框架有问题，而是它没有把其后两千多年的文明成果纳入自身中。也就是说，最初的框架，也许就是最佳的——因为它是没有被异化的纯粹的生命律动，但是，具体的内容，必须做彻底的更新，要把全部人类的思想精华、艺术精华、历史戏剧纳入课程内容中。

于是，人自身的全面性，决定了博雅的“博”，而文化中最精髓的传统，决定了博雅的“雅”（正）。

教育就是影响力

不得不先为《教育时报》叫一声好。在报纸难以生存的时代，它不是守护着一份报纸，苟延残喘无可奈何抱怨时代，而是守护着一个不可多得的教育平台，做得左右逢源如鱼得水风生水起。

《教育时报》举办的数届“河南最具影响力教育人物”评选活动，告诉我们，一份杂志报纸乃至新媒体、自媒体，究竟为谁而采编。答案是：为了最广大的一线教师，但不是迎合，而是步亦步、趋亦趋地同步引领，就像老师蹲下来，让孩子奔跑起来。

来自河南的年轻伙伴杨枫说：“《教育时报》是真的不遗余力地为教师宣传，还多是草根老师。”

会场一天，收获良多，感慨良多。但最有意思的是“影响力”这三个字，第一次，我被迫对它凝视、沉吟、深思。

1

在班主任板块，两届获奖班主任代表的两个报告，最打动我心，但这是完全不同的打动。如果吴红霞老师的影响力来自水滴石穿的雕刻、切磋、琢磨的话，那么杨卫平老师的影响力就来自“润物细无声”或者“不是锤的敲打，而是水的轻歌曼舞使鹅卵石获得了完美”。

我相信，更多的听众、朋友、家长会更被杨老师打动——也就是影响。我也相信，更多人会把自己的孩子交到吴红霞老师那里而不是杨卫平老师那里——这也是影响力。吴红霞是今天最受校长和家长欢迎的班主任类型，杨卫平属于明天，属于城市边缘，属于更广袤的大地。

我不会评价谁错谁对，谁高谁低。我知道作为个体，我更欣赏杨老师，这是一种审美的欣赏；作为校长我最需要吴红霞，这是一种根基的、经济的需要。冉雍与冉求，都是孔子的弟子，一个重礼乐，一个重富强，你会选择哪一个？孔子说，永远赞美冉雍，首先起用冉求。我与孔子也！

2

如果教育就是影响力，那么影响力究竟是一种怎样的力？

答曰：它是一种促成事物、促进生命的力量。生命可以被规训，需要被规训，文化或者教育的字源本义也就是规训。但是，当我们理解到生命内在蕴含的成长规律，当我们理解到生命最高可能性的自由，都有可能被强力的规训扭曲、损害、根除，眼前的成功居然需要牺牲长久的兴趣、惊奇，以及永久的独立、创造为代价，我们就不得不既保留规训，又警惕规训。

什么是影响力的尺度？是越大越有力就越好吗？世界上影响人的力量，只有军事（政治）的强力，以及经济（物质需求）的诱惑吗？

当然不是，一朵小花，一株野草，一个存在不过一两天就会损坏的精美蛛网，都会深刻地影响我们。我们身边，存在着温柔、天真、单纯、安静、洁净、痴呆、入迷……诸如此类的影响力。甚至许多时候，我们讨厌身边人的强力，更喜欢他们的温柔和儒雅，愿意被后者影响。

那么我们的孩子呢？他们真的喜欢强力吗？也许他们喜欢的是任何一种真正的陪伴、漫长的陪伴，不过，如果可以选择，人更喜欢温柔而不是强力。但是，教育是让孩子喜欢吗？孩子喜欢就合法吗？如果这样，那不学习、打游戏，也就成了最合法的教育。仅仅和风细雨并不是教育，和风细雨而让万物生长，这才是教育。在润物无声的教育还不能让人类看到更远大的未来之前，它永远只是理念正确的小众精品。

不过，有些“效果明显”“得意洋洋”的影响力，必须旗帜鲜明地加以反对，就像体育运动反对兴奋剂一样。这就是教育中被过于频繁使用的、滥用的成功学。很遗憾，成功学依然很有市场，尤其班主任的舞台，更是成功学的重灾区。

开幕式上，和袁振国老师坐在一起，我们窃窃私语：“青春期的孩子需要励志、最易励志、最怕励志，搞不好就是《浪潮》——那部著名的教育实验电影。”

相比于刀剑，诗歌也是有力量的，它在时间中有完胜刀剑的力量。有哪一柄春秋的宝剑，可以削去《蒹葭》的悠远？

相比于大树，小草是有力量的。它用自身的献祭，“离离原上草，一岁一枯荣”，战胜了大树，统治了地球，促成了人类和人类文明的诞生。

相比于占有空间的胜利，教育，它是一场属于时间的胜利。如果我们看不到未来，我们无非就是在复制过去中可以复制的那部分。

教育，注定是“赞天地之化育”的事业，但天地化育，又哪里有什么豪言壮语？

给平凡的工作画一面理想的旗帜

在青岛参加南方阅读论坛的魏智渊，在他的《海拔五千》里写道：

> 5：10醒来。上午仍然是半天的活动，我参与对话环节。听了傅国涌先生的讲述，我说："傅老师活得像一个人，而我活得像一条狗；他在客厅论道，我在厨房做饭；他考虑的是做人，我考虑的是做事；他是贵族教育，我是平民教育；他是博雅教育，我是专业主义；他考虑的是家庭有钱以后孩子应该去学些什么，我考虑的是孩子怎么获得更好的工作赚钱养家……还是那句话，跟一个真理相对的，可能是另一个更深刻的真理，关键是理解对方和自身。而像一条狗一样活着，正是我们的抉择和自由，毕竟做名流不是我的命运。"

并肩在做南明教育和全人之美，我对老魏的发言当然感触很深，有强烈的共鸣，也有很深的"不赞同"。简单说，我赞同日常教育生活的平凡琐碎，正如我赞同日常教育生活可以且应该幸福；我不赞同的是，无论何时何地，无论对孩子还是团队，我们永远不要宣传自己是平民教育、专业主义、赚钱养家……

这个道理其实很简单，一个流行的"寓言"故事已经说清了其中的奥秘：

有个人经过一个建筑工地，问那里的石匠们在干什么，三个石匠有三个不同的回答。第一个石匠回答："我在做养家糊口的事，混口饭吃。"第二个石匠回答："我在做整个国家最出色的石匠工作。"第三个石匠回答："我正在建造一座大教堂。"

他们在做相同的事情，但对事情却有完全不同的解释。在心理学上有这样一句话：重要的不是事实，而是你对事实的理解与解释。人不同的生命形态，无非就是对生活做出了不同的解释，于是有了虚无主义、乐观主义、隐逸派、现实派、理想主义、保守主义、自由派……

南明教育团队和"全人之美"课程，无非就是对教育、课程和生命，构建了自成风格的解释系统。

一所学校的校训，就是挂在墙上的自我解释；一所学校的校风，就是流行在大家心目中的真实解释。我们不需要虚假的墙上标语，但我们确实需要为"平淡的日常生活"给出真实不虚的理想主义的解释。

许多人不明白这一点，就像不明白艺术为什么比历史更真实：因为只有艺术在追寻本质或者永恒，而历史（生活）却大多是偶然的碎片。眼前看到的就是事实？那么心里想的就不是事实？

对于教育，最重要的永远是"心里怎么想"。所以，无论我们身在何处，哪怕是在偏远山区的一所小学里，我们也依然在做"贵族教育"而不是"平民教育"——让教育家去做平民教育吧。我们和所有孩子一样，憧憬着成为贵族——任何意义上的贵族，或者"王子""君子""公子"……

无论我们对技艺的琢磨到了怎样的境地，我们永远不宣称、不宣传专业主义教育，而永远宣传、宣称君子不器、博雅教育。除非，把每一间教室当成宇宙间的奇迹，把每一所学校当成未来值得人们回忆的岳麓书院、阳明书院，否则我们工作时就会丧失动力、格调、格局。

我当然深知日常生活的砖砖瓦瓦、瓶瓶罐罐、柴米油盐，但砖瓦是用来修建殿堂或者茶舍的，瓶罐是用来酝酿美酒的，柴米油盐是用来创造美食的。相似的原料，让一个大厨成为大厨的，除了更专业，还有更远大、更坚定的梦想，而且真正的专业，必然也只能来自热爱和梦想。

每天，请擦亮一根火柴，照亮自己的生活。每一处平淡，其实依然蕴含着神奇并可能成为传奇。

照亮自己就够了

曾经参与一个叫“萤火虫”的公益项目。我信口拟了个口号，叫“点燃屁股，照亮自己”。

当然被否决，大家喜欢的口号，不外乎“点燃自己，照亮世界”之类的吧。

从很小的时候起，我们就习得了同时使用两套话语：作文、周记和公开发言（譬如国旗下演讲），用的是“照亮世界”那套话语；平时内心里据以行事的，是“照亮自己”的这套逻辑。

对此，聪明人默不作声，愤世嫉俗者却自以为诚实勇敢，学《皇帝的新装》中的那个小男孩，大声嚷嚷：瞧，整个世界在说谎，就我说了实话！

这个小笨蛋根本没意识到：道德准则哪怕做不到，挂在墙上和嘴上，也比扯下来扔掉好得多。当人们不再言说道德，不再对之有所敬畏，对自己违背良知的行为有所羞愧的时候，一个社会也就岌岌可危，难成其为社会了。到时，一切将被标价用于交换——不，如果没有必不可少的诚信保障（这仍是道德准则），连市场也不能正常运作；能存在的，只有掠夺、抢劫、奴役……

关于道德，不要轻易说其实我们都做不到，事实上我们一直在心甘情愿地遵守着大多数道德规则——就像足球场上，我们的每一次违规都将被白眼、指责、嘘哄，甚至被裁判警告，直到罚出场外。

只要人们还想看足球，无数明规则和潜规则就是必不可少的，足球有它自己的道德。

只要人们还希望生活在一个有序、可测的世界，法律为骨骼、道德为肌肤的行为准则系统就是人们真心想要的，它吻合人们的利益。

爱国、孝敬、敬业、遵守交通秩序、对服务对象微笑……我们哪一样不至少履践着底线的义务？哪一样有人在我们身旁违反时，我们居然没义愤填膺？

但是，什么是"照亮世界"？

以上所有我们愿意遵守的，愿意忍受内心的不适而努力践行的规则，乃是我们为了自己的幸福而愿意支付的"价格"——无论用"代价"还是"价值"，它们在本质上仍然一致。

也就是说，为了自己从衣食安全到实现梦想的种种需要，为了和大家分工合作、交换所得进而无限提升自己的生活品质；也就是说，为了"照亮自己"，我们愿意成为道德人。

但是，什么是"照亮世界"？

照亮世界，就是有人觉悟到生命最高的意义是超越彼我，成全他人就是成就自己的最好道路，一个人最好的幸福和成就乃是自觉自愿地服务他人——所谓"己欲立而立人，己欲达而达人"是也，所谓"牺牲""慈悲"是也。

孔子如是，佛陀如是，耶稣如是，特蕾莎修女如是，史怀泽如是……

一个已经觉悟了准备照亮世界的人，理应得到世人的赞许乃至景仰。

一个真心诚意准备照亮世界的人，理应得到大家的赞许……

且慢！

如果一个照亮世界的承诺或者宣誓能够带来足够数量的好处，能够让世人鼓掌、众筹、捐赠，襄助你照亮世界的未来事业，那么谁能保证这不仅仅是最狭隘意义的"照亮自己"呢？谁能保证这笔高尚的交易不是虚荣或金钱所发动的诡计？

进而，世界的哪一部分需要你照亮？是儒家文化的黑暗无知，需要穆罕默德或耶稣来亲临照亮？或者反之，是欧洲文明已经走向末路，需要你用东方思想前去照亮和拯救？

世界的延续与进化需要无数的热情与献身，但每一个伟大的热情与献身首先只是为了照亮自己——当一个人领会了万有引力或物竞天择，或者领会到“己所不欲勿施于人”的绝对金律，他自己就是第一个被真理照亮的人，而世界或许还蒙眬欲睡不愿醒来。

我的意见是：此刻不必埋怨世界，就享受真理光芒的沐浴吧。孟德尔们并不知道更不奢求自己成为后人求知时绕不过的山丘，即使爱因斯坦和牛顿，也是先自己存了多年的困惑需要破解，而不是先存了要照亮世界的念，然后寻找一个领域去实现。

照亮自己就够了。但如果你的光和热足够大，有洪荒之力为燃料，那么照亮自己也就是同时照亮了世界——无论你是不是存了照亮世界的念。

放养与圈养

我们看到了一个任性的生命，看到了父母放养之下自然生长的生命，现在既美丽又稚嫩地展示在我们面前。

生命究竟应该放养还是圈养？这是一个最近十年才被开始关注的问题。

我个人的回答是：圈养成功率要高得多，放养的夭折概率太高太高了，就平均分而言，圈养完胜放养！但是，圈养注定限制了人的创造性，创新点、生长点、突破口，这些很少来自圈养人群，而更多来自童年和少年被放养的孩子。

打个比方，圈养注重的是基因原封不动地复制原有的模式——一个模式原来生存下来，就已经意味着成功，得到过检验。而放养注重的是基因的变异，变异是没有固定方向的，未来被淘汰和被推崇的，往往都来自基因变异，而不是来自基因复制。补充一句，我曾在其他文章说过，所谓变异，也是 90% 以上的继承，10% 左右的变化——超过这个范围就出怪物了，今天我们到处可以看到怪物，它们并不具备繁衍思想后代的机会。也就是说，放养和圈养都不是理想的教育，理想的教育是有目的、有方向地培养自由和创新。

被圈养出来的人当了教师，多半还会信仰圈养，也就是纪律、规范、知识、可靠性……虽然他们中有些人因为对自己过去所受的教育深恶痛绝，试图改变教育方法，但他们依然只有来自圈养的经验。被放养的人基本上没有机会当教师，他们中绝大多数被抛到了生活的底层。但如果他们有机会当教师，尤其是在像南明教育这样的机构当教师，这至少说明他们已经是极少数存活下来的幸运儿！

确实，如大家所见，南明教育在一定程度上，是在努力寻找幸存的放养者，希望他们中更多的人能够成为我们的教师，并且让他们和世俗意义上的成功者一道，组成一个更平衡的学校。放养长大的人，天生比别人更懂得自由，懂得不勉强、不伤害一个有困难的孩子。而且，他们中的侥幸成功者，更懂得热爱的重要性，懂得自由不仅能够带来内心无价的快乐，还可能带来未来社会稀缺的成就。

“全人之美”课程为什么要培养孩子多方面的“喜欢”？因为我们不仅在用这些美好事物丰富生命、充沛生命，还在用它们试探每一个孩子的天赋与热爱。一个人可以同时喜欢许多事物、许多学科，但他无法在同一时间热爱许多事物。因为热爱是生命的聚焦，是力量的凝聚。

热爱也是会转移而且需要转移的，直到仿佛找到“命中注定”。然后，一万小时理论就自然而然地起作用了——不愿意为所爱的事物付出无尽的时间，不愿意忍受常人难以想象的痛楚，就不能叫热爱。同时，寻找榜样和一万小时同样重要！榜样是技艺和灵感的来源，是前进的方向，也是树立一个必须用一生去超越的目标。我二十年前立志准备上好语文课时，就反复揣摩钱梦龙、宁鸿彬等人为数不多的经典课例，从模仿到创新，甚至一定意义的超越，用了很长很长的时光。再然后，你会遭遇到孤独，无路可走，前面没有了榜样，没有了现成的道路，而令自己满意的创造不可能那么简单地从天而降。你只能继续信守自己，信守初衷，在寂寞中反复练习着最简单的曲调。直到有一天，有全新的事物突然从你心中喷涌，你甚至来不及清晰地为它命名——旁人都可能比你自己看得更清楚。它那么耀眼地出现在世界上，出现在发出惊叹的人们面前。这时候，你就已经成了一个感染者，一个赋予世界热度的人。你甚至能改变年轻生命的走向，让学化学学科的热爱舞蹈，让学音乐学科的热爱绘画，让学地理学科的热爱哲学……

一所理想的学校，应该全部由这样的教师组成——这是晨山双语的梦想，是南明教育的梦想。

没有了梦想，丧失了热爱，生命就会在无边的机械复制中失去自己的方向，只是行尸走肉、牵线木偶般地被时代的潮流裹挟着往前走。

让每一个孩子成为“大写的我”

这个学期以来，连续几个月，我都在一个省会城市的一所优秀中学帮助班主任们做德育工作。这是一所非常好的中学，学生的考试成绩很好，老师们的工作态度也很好。

但是校长并不满足。她认为，孩子的学习很被动，幸福感不够，老师的工作很机械，创造力不够。所以，请我帮忙“诊疗”一下。

1.学会生存，还是学会生活?

每次见面会上，一些班主任老师讲着讲着就一把鼻涕一把泪。为什么？因为每个班总是避免不了有一些“问题学生”，而这些学生，其中大多数可能就是未来社会所谓的“戾气”制造者。

有一个学生很聪明，老师想让他学习再努力一点，于是循循善诱，悉心教导，结果他就是不努力学习，每次考试总在第十名左右。这个老师非常悲愤地说:“这么聪明，为什么不学习？”我替这个学生回答的是:“我为什么要学习？我聪明就必须学习吗？”

我说，也许这个学生是学校里唯一一个没有被环境左右的学生，但是他并没有找到自己，而且他的这种迷失还可能无限地延续下去。

我自己就是这样，我从18岁开始教书，到现在教了30多年。但我一直到 27 岁前，都没在认真教书。为什么？因为觉得没有意义。那个学生为什么不认真读书？因为他也感觉没有意义。只有找到了意义，才会认真教书，认真学习，认真生活。

《学会生存》这本书大家不陌生，终身学习的概念就是最早从这本书提出来的。我提到这本书是想追问：为什么这本书被翻译成《学会生存》，而不是《学会生活》？我觉得这是集体无意识，这是我们时代的精神在这本书上留下的烙印。

学会生存和学会生活是两种姿态，是两种文化，也是两种教育哲学。学会生存的背后是一种有问题的、过去的时代精神，我个人认为，这种时代精神的过度滞留，正是一些社会不良现象产生的原因。

2. 当前教育的最大矛盾：为成功，还是为幸福？

也许从鸦片战争以来，救亡与启蒙的矛盾一直存在。我们为什么要学习？我们建学校、做老师、搞教育，为了谁？为了创建一个富强的社会，还是为了个体获得幸福？

国家的危机是依然存在的，正是因为意识到危机的存在，所以我们的教育就越以集体性目标为重，而把个人启蒙忘记了，把个人幸福忘记了，把最重要的教育目的无限地拖延下去。人慢慢地成了工具，人不再是教育的唯一目的，而是应对危机时的大数据之一。

当我们这样做的时候，问：六年小学生活的目的是什么？答曰：考上重点中学。问：六年中学生活的目的是什么？答曰：考上重点大学。那么考不上大学，或者不想考大学，事涉青春的六年中学生活意义何在？老师又是为什么而教？

当教育目的产生偏移，异化是必然的。如果整个教育目的被异化，就必然导致学生负面情绪暴增。

3. 如何做到“良性教育学循环”？

为了更好地理解异化，我先引进一个健康的教学模式，这是我们团队在研究的过程中提出的一个概念，叫“良性教育学循环”。

我们不呈现某个结论，而是呈现整个过程。一个具体的儿童如何成为一个“大写的我”，如何在他内心根植下做个好人的愿望呢？必然是通过他在学校里的精神生活，通过语、数、英等学科的学习活动来实现。

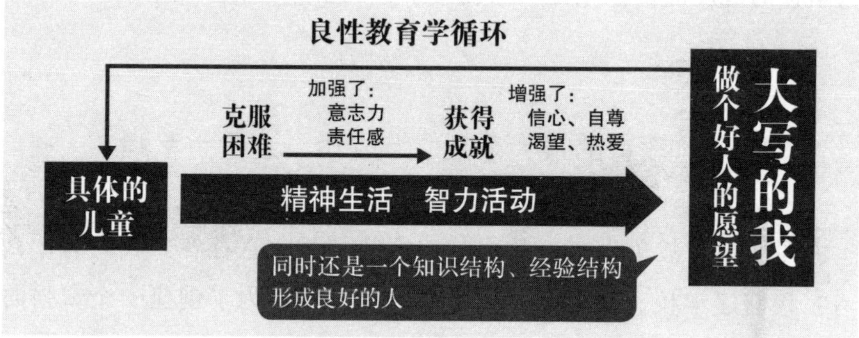

在这个过程中，他要克服困难，获得成就。困难越大，克服之后，意志力越强、责任感越重。

人的意志力从哪里来的？它是培养出来的，是在克服困难的过程中养成的。怎么让学生有意志力？克服困难的过程增强了意志力和责任感，而获得成就增强了他的信心。他获得了自尊，他渴望继续学习，甚至会热爱学习本身。热爱从哪里来？从经验中来。通过学习所获得的成就，不仅是一个道德良好的“我”，还是一个知识结构、经验结构发展良好的“我”。

这样的一个“我”，面对下一步学习任务的时候，就会产生“我要学习”的愿望，这就是意义的回馈。在这个过程中还有很多细则，学习的核心目标不是知识本身，而是孩子的自我认知。

细则
DETAILS

① 每一次学习都决定着……
② 学习的核心目标是自我认知
③ 学习的难度与成就感成正比
④ 轻松的学习没有多大意义
⑤ 意志、责任、动机都是学习过程的副产品
⑥ 挫败源于评价而非事实

教育是育人本身，而不是教授机械的知识，比知识更重要的是让学生明白自己是谁，能做什么。学习的过程，成功与失败，对人一生意义深远。学习的难度和成就感成正比，所以我特别喜欢挑战学生。我做老师的秘诀就是让孩子挑战到不可能。

轻松的学习，没有多大意义，现在很多学校就学校任务而言太沉重了，但就脑力挑战而言则太轻松了，或者师生都默认需要从学习以外去寻找快乐。请记住，成就感内在于学习本身，不要在学习外面寻找。意志、责任、动机都是学习过程的副产品，不能要求一个学生在学习之前拥有这一切再去学习，你只能在过程中增强或削弱这一切。

这里最重要的一条是学生如果遇到了挫败，原因不是他真的失败，而是老师的评价让他感受到了挫败——挫败源于评价而非事实。一个孩子失败了，我们只要说一句："哇，这么厉害，当初我失败了五次，你差点就要成功了。"这样失败就成了表扬。同样地，如果一个学生考了 95 分，老师却说："全班平均分 97 分，你就是最差的几个之一！"听到这样的评价，学生马上就会坠落到失败的深渊之中。所以，老师的评价是学生觉得是否成功、是否有意义的重要标准。

但我们当前的教育是为了淘汰，是为了选择，是为了把符合社会要求的人选出来，而不是无条件地为每一个孩子的幸福而奋斗。当我们违反教育规律的时候，我们就进入了另外一个恶性循环。

学生被困难打败，不是因为他做某件事情失败，而是因为我们采取了以淘汰为标准和目的的评价，学生被困难打败是理所当然的，至少有

90% 的学生会被困难打败。当学生在学习过程中品尝到了挫败感、失落感之后，他的沮丧和畏惧也会加剧：他厌学，他逃避。过多的失败还将导致他对他人的不信任，对社会的不信任。

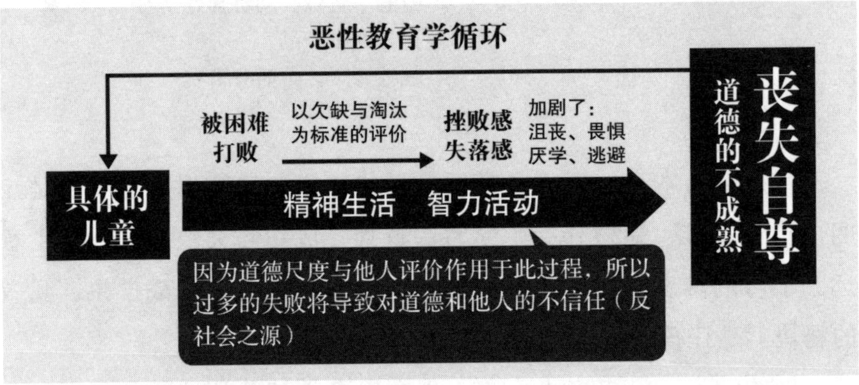

这就是异化的根源，因为个体的人不再成为教育的目的，而是可利用的工具。人在这样的教育中会感到压抑、羞辱，他可能会采取破坏的行为对抗既定的一切——为什么不呢？

什么时候我们能拥有为幸福而教育（学习）、为尊严而教育（学习）、为意义而教育（学习）的教育生活呢？这是一种教育的美好状态，它还很不现实，但我对时间和生命有信心，愿意付出最后的热和爱。

第二辑

良性教育学循环

课程，何以成全生命之美

2016年5月，经福建教育杂志社邀约，南明教育总校长干国祥与福州教育研究院教研员何捷就课程问题展开对谈。

何捷（以下简称何）：2015年9月15日，国务院办公厅发［2015］71号文《关于全面加强和改进学校美育工作的意见》（以下简称《意见》）。总体目标是全面加强和改进学校美育工作。包括：美育资源配置的优化，管理机制的完善，特别是美育课程的开设。美育再次成为关注焦点，您怎么看？我们对美育的忽视和缺失，究竟会带来什么样的结果？

干国祥（以下简称干）：审美教育和艺术课程，严格讲是两个虽然相互关联，但不能混同的概念。这次《意见》讲的主要是艺术课程，但在教育学和哲学原理上讨论的"美育"则往往指审美教育。譬如我所设计的"全人之美"课程，它由身体课程、艺术课程、智慧课程和人格课程四大板块所构成，其中的艺术课程就相当于这次《意见》所提及的学校美育工作，而"全人之美"四字中的"美"，就相当于作为教育终极目标的"审美"。

也就是说，以一种教育哲学来看，人既是知识的存在，又是身体的存在、道德的存在，同时也是审美的存在——但这些都仅仅是从不同的维度来观察生命，而不是把生命分割为几个不同的部分。就像一个花园有多个窗口，装着不同颜色的玻璃，但人们透过不同窗口和玻璃看到的，仍然是那个整体的花园。

在这几个观察生命的维度里，无论是东方孔子的古典博雅教育，还是西方自康德、席勒等人以来的教育哲学，“审美”（孔子称之为“乐”）都有着独特的地位。这些哲人发现：人只有在一种艺术或游戏式的体验中，才是最完整、最健康的。因此在教育中强调“美的体验”，其实就是强调生命的整体性，强调分科教育不要破坏了生命的完整性。

而我们当前确实面临着艺术教育和审美教育双重缺失的困境。艺术教育的缺失，使得儿童的身心得不到舒展，过早地进入精确的知识学习，而不按儿童天性进行的知识学习则是束缚想象力和创造力的枷锁。审美教育的缺失，则使得教育丧失了统一性，教育蜕化为教学，教学又蜕变为诸多学科拼凑而成的搭积木游戏。

何：大道相融。德、智、体、美等诸育，原本就水乳相融，是建构儿童生命的各个元素。如今重提“美育”，会不会造成顾此失彼的尴尬？或者说，美育和各育之间，如何实现跨界与整合？

干：重提美育，正是为了修正过去相当长时间里的顾此失彼——过去我们顾了知识教学，但在体育、美育、德育等方面，缺失严重。

当然，你的担忧也完全有必要。在总量基本不变的教育时间里，如果我们想把时间更多地分配给美育和体育，那么知识教育就必须做出让步。我想，在一个特别重视语言智能和数理智能的传统里，这样的让步可能会遭遇多方面的阻力。如此尖锐的矛盾怎样才能化解？答案可能是：真正把握了体育、美育和知识教育、道德教育的内在逻辑，按儿童精神成长的规律来进行教育教学，便可以事半而功倍。

譬如在我所领导的那些学校里，艺术课程的比重相当大。小学六年，仅器乐一项，就先后要学五六种乐器，其中吉他和一种吹奏乐器还要求达到较自如的水平。而每学期必演的童话剧，更是把语文、音乐、舞蹈等悉数综合于其中。到五年级，每间教室组建起乐队，时下较为流行的摇滚乐，往往也是这些青春前期学生的最爱。每天一节身体课程，包括田径、足球、轮滑、乒乓球、舞蹈等，均以六年为期，进行细致的课程化。

大家当然会关心，这样疯狂地做艺体课程，那么知识学习还如何保证？事实上，“全人之美”课程最引以为傲的，恰恰就是智慧课程。艺体和智慧共赢的原因在哪里？我们不妨反问：一个因过度训练而在语文数学课程上厌倦不已、痛苦不堪的孩子，和另一个每天定时投入地进行体育锻炼，以“舒展其身心”，每天忘我地进行艺术游戏，以“细腻其感官，丰富其感受”，然后又在学习语文和数学的时间里同样投入专注的学生，哪一个孩子的智力会发展得更好一些？

何：您2010年提出“全人”课程，在多所实验学校展开课程实验，后来又把此课程的改进版本称为“全人之美”课程，一经发布，就在全国范围引发了极大关注。当初建构这样的课程体系，是怎么想的？

干：相比欧美国家的小学教育，我们似乎更“现代化”“工业化”。欧美小学里往往是一个教师包班，个别特殊的学科才由专职教师担任。而我们则从小学一年级起，就把所有学科都高度专业化，由专职教师来担任。这是当年学苏联教学模式的传统，通过让每个教师专攻一项的办法，来提升教学的整体质量。但我们却在这个过程中忘记了：学科分割之后，谁还能对一个孩子的整体生命负责？

然而，学科专业化的局部优势又是那样明显，要我们放弃这种习惯和它确实存在着的好处而走包班的道路，显然并不现实。在这种两难之中，我提出了由一个教师全面主导，其他专职教师配合的模式。

当一个教师需要对教室里的孩子的全部生命负责，他就需要从两个维度来重新审视教育。第一，从长远来看，不同年龄的儿童在体育、艺术和知识等方面的发展是有着不同的敏感期的。譬如道德教育，约在三年级之前，儿童尚未发展出反思的能力，所以严格意义上的道德审辨是不可能的，儿童在这个时间所犯的错误，严格来讲都是心理问题，而不是道德问题。我们发现，各个年龄段最合适的生命焦点是有先后次序的，一个较好的课程聚焦顺序，是先体育、艺术，再知识、道德。而道德人格教育，最关键的是让他在安心、无压迫的氛围中，通过课程中的成就感来培植自己的尊严。所以，“德为先”只能是一种比喻的说法，即使我们的目标确实指向以人的道德为核心，但在具体操作中，直奔这一目标进行道德教育，也往往会适得其反。第二，就是在某个具体的时间里，各学科需要做一个有效的均衡，让每一天、每一周都有一个值得关注、面临挑战的焦点。也就是说，既不能让所有的课程同时挑战学生，同时成为焦点，也不能让所有的课程同时减负，让学生的生命因没有遭遇挑战而处于平庸。

这是“全人”课程和“全人之美”课程的思考起点，然后在实践中，我们越来越多地把教育原理、心理学理论整合进“全人之美”课程中，把各学科自身的特点和总的课程原理打通，既让课程有一个明确的总纲（全面发展，按成长规律，不同的课程在不同年龄成为发展焦点，让学生在游戏、挑战和自我实现中发展），又让每个具体的课程有自己的发展逻辑和教育目标。当然这里的每一部分事实上都应该说“水很深”，想要做全面阐释，恐怕在一个对话中是难以实现的。

何：任何事都是利弊并存的。在课程实施的今天，很多人忽视了学科教学的落实。一线教师、家长还会关注一个不能回避的问题：“全人之美”课程，在教材教学上有哪些措施作为保障，让儿童实现真正全面、健康、完整的发展？

干：您所说的现象确实存在，而且由来已久。当年刚刚提出“素质教育”的时候，教师们直观地认为素质教育就是诸如唱歌、演奏乐器、舞蹈、体育、演讲、动手操作这类非书面的技艺。以至于有人不得不提醒：素质教育不是唱唱跳跳。当然，在应试教育的背景下，反方的意见也完全正确：素质教育不是唱唱跳跳。但不妨从唱唱跳跳开始。

严格来讲，以上两种观点都缺乏足够全面的教育学思考。唱唱跳跳对于生命意味着什么？它和知识学习是什么关系？

哪怕在一个学科里，知识建构的过程也并不是呆板的。以数学为例，有家长和教师认为，一年级甚至幼儿园的孩子就能背诵乘法口诀，这意味着孩子能够这么早就学会乘法和除法，同样在一年级我们可以直接把数学的加减知识，例如十进位制告诉学生，这样能大大地提高课堂效率。然而，从建构心理学来讲，儿童早期的数学知识是与身体相关联的，是与操作相关联的。数数，是对外在实物的反复操作，正是对自身操作的反身抽象，才让孩子建构起数的概念。所以，身体与操作的数学，到直观对应的数学，再到形式抽象的数学，是一个科学的建构规律。我们这种记忆口诀、灌输概念加反复操练的教学方式，使得许多孩子进入高年级之后，数学越学越难——因为他们没有身体操作数学和图形直观数学为坚实的根基。

在语文教学中，我们同样面对着认识的规律：孩子最初能够接受的，只是故事。在故事的基础上，慢慢有了人物分析，有了情节分析。而这种分析能力，又慢慢地建构起思辨的能力，以至于孩子慢慢地可以做抽象的概念审辨。明白这一点，就知道一、二年级时和同学们一道听几百个故事，不着边际地讨论这些故事，完全不是浪费，它们恰恰是后面高级思维的丰富营养。没有这些根基，高级思维就如无本之木，无法建立。

审美，或艺术性，在整个生命的发展中始终起着三种作用：开始的时候，它是焦点，这个时候，教育应该追求浪漫、丰富、丰厚，而不应该提早追求精确；当教育和孩子进入精确阶段之后，艺术性或一种对事物整体、浪漫的把握，就是精确理解的背景；在确保前二者的基础上，我们可能获得生命第三阶段的一种状态，一种既整体浪漫又细致分析的综合状态。显然，这种状态也同样可以称为是艺术的。

也就是说，审美或艺术性，我们强调它们，并不仅仅因为它们是美好的，甚至具有终极意义上的生存价值，还因为在儿童早期进行艺术教育和艺术性的教育，是最吻合成长规律的。如果只一味追求精确的知识，把美感与知识割裂开来，舍弃前者而追求后者，那么这可能是在缘木求鱼。

“全人之美”，不仅仅是强调全面发展，同时也强调按规律发展。规律之一，就是教育中的课程的焦点，在成长过程中一种较好的顺序依次是身体、艺术、智慧、道德。

当然，以上仅仅是为“艺术性”做辩护，要回答您的问题，其实还需要在精确化的方面做正面回答。简单地说，那就是我们的浪漫丰富固然在数量上可观，在方式上独特，但是我们的课程其实在精确细致方面走得更远。

以语文为例，精确其实从一年级起就有了，只不过不同年级精确的内容不一样。一、二年级，在整体理解的基础上，我们精确的是字。而方法就是字源识字：用最早的甲骨文、金文、篆文，加上汉字构成之理，来学习汉字。譬如在我们这里，旗、族、游、旌等字，就不是左右结构，因为它们都有一个横跨左右的“旗”部件构成，譬如族，就是一面旗加一支箭，旗帜表示信仰和主张，弓箭表示用武器保卫，这就是部族、民族，至今没有根本的改变。到了五、六年级，学生的语文课堂主要的学习内容就直接是《史记》《三国志》这些文言原著，包括为无标点的文言原文加标点的训练——这就是古代的句读。如果您要强调教材的教学，这恐怕会让您有点诧异和失望，我们认为教材仅仅是我们学习的一部分，它对我们而言，主要作用就是识字、朗诵、段落训练、思维训练、文体训练。它只占我们整个课程中的一小部分。而且在顺序上，它也算不上整个课程的基础，恰恰相反，是学生在整个课程中拥有了强大的语文能力后，拿课文做牛刀小试。

何：您举的例子非常有趣。之前我在杭州执教《最后一头战象》，当时很多专家都认可此课，但您却用“仅仅是咬开核桃一道缝”来形容教学效果。如今听您这么一说我明白了。教学，要观照的不是当下的文本啊。最后一个提问：经历“全人之美”课程的儿童，和专科精细化教学的儿童相对比，升入高一级学校后的学习延续力有差别吗？同样应对测试，预计会有什么样不同的效果呢？

干：“浪漫—精确—综合（综合浪漫和精确二者）”，这是我们用来解释认知过程的一个理论框架，源自怀特海的过程哲学。在这个模型里，显然本身就有着专科的精细化。这个认知模型，既可以解释小到诸如一篇课文的理解，也可以解释大到诸如整个语文阅读力的建构。

再以语文为例，我们在入学开端，优先考虑的是故事，然后就是三、四年级的大阅读——通过海量的浪漫的大阅读，完成学生自动化阅读能力的建构。这期间（指二、三、四年级）学生要阅读四五千万字数的以儿童文学为主的书籍。与此同时，在整个小学阶段我们还进行着每日一诗的晨诵，晨诵的内容从儿童童谣，到古典诗词，再到中外现代诗名作，六年累积了上千首诗词；每个学期进行童话剧的排演，剧本内容从一、二年级的绘本故事，到五、六年级自然而然地排演莎士比亚话剧和古希腊悲剧：这两个课程，和大阅读一样，都属于语文素养建构的浪漫丰富阶段。甚至在整个“全人之美”课程中，五、六年级的文言原著阅读，也并不属于精确、精细化范畴，而仍然属于一种基于感受为主的浪漫建构。在此之前，学生精确分析的是汉字，是句子，是段落和少量的课文。而经过这整个浪漫丰富的积淀阶段之后，正式进入精确阶段，那么批判反思性思维（也可以叫审辨思维）、研究性学习就成了语文课程的焦点。在这个阶段，我们从以教学内容为重转为以思维的形式化训练为重。我们可以毫不讳言地说，这种思维的形式化训练，以及由此带来的批判反思思维，都是今天的教师自身所匮乏的。当学生基本拥有这种审辨能力的时候，我们确实曾开玩笑说，就已经很少有语文教师能够教他们了。

事实上，在我们的课程改革过程中，教师自身伴随着课程的深入而在不断地自我蜕变着。譬如以上的这个语文框架，就几乎挑战了当前99% 以上语文教师的知识储备。而数学教师和科学教师同样面临着类似的挑战，但他们面对的不是教学内容的挑战，而是对知识理解的根本性的转变：他们需要把既定的客观知识，理解为人类为解决难题、解释世界而创造出来的主观知识，并在课堂上重现这个被创造的过程。数学课，由此成了一种精彩观念诞生的课堂——所有原本称之为知识点的概念，现在成了一种需要被师生在课堂上鼎力合作重新创造出来的“精彩观念”。

道德教育、艺术教育、体育教育，都同样面临着基础的撼动，但这不是摧毁，而完全是一种更好的课程建构。简单地说，我们在教育学、心理学著作中所读到的较好的理论，现在不再是脱离实际的空中楼阁，而开始成为活生生的现实。

您提问的是“他们能不能在高一级学校比应试教育下的学生更有优势”，但我以上却是答非所问。因为我们从来就没有考虑过这个问题，我们唯一担心的是进入高一级学校之后，有没有合适的教师继续启迪学生的心智。我们并不认为应试教育中学生学到了多少真正的知识，所以我们和它并没有什么可比的。二者唯一有可比性的，是应试教育直奔而去的，而我们也必须正面面对的分数。但对此点的讨论也许需要更加谨慎。因为即使我们确凿做到了分数比应试教育更高，也是不能、不宜纠缠这一点的，更不能宣扬这一点。我们只能说，未来社会所需要的创造者，它只能以一种超越应试教育的方式来培养，而我们相信自己正在努力探索并实现这一点——“全人之美”课程是一个开放的、不断自我修正的课程系统，它永远不会有“完成式”，更不会自我封闭起来。

只要我们无法超越这一点（我指的是以分数定胜负、高下、优劣），那么无论教育如何变革，最终仍将被一根绳子系在鼻子上。决定我们走向哪里的，永远不是我们自己，而是分数这根绳子。而最可怕的是这根绳子其实并没有握在哪个人的手里，制造出并不断巩固这根绳子的，乃是所有人的恐惧而已。在这种恐惧控制之下，教育是谈不上“全人”，更谈不上“美”的——因为全面发展的课程必然会让位于能体现分数的课程，生命的自由、创造，又怎么可能在机械、单维度的恶性竞争中实现？

课程建设

这是应何捷兄和《福建教育》的邀请，展开的一次小小的对话。我平时不爱搭理人，不多言，常独自面壁。但我始终相信，真诚开放的交流，是思想保持活力、得以提升的有效保证。当然，提升二字事实上也就意味着否定过去的旧我。如果一切已经皆知，万法尽得圆满，这固然是好事，但进步也就不复可能。

以下转自《福建教育》杂志官方公众号“鼓屏 162”。

近年来，始于民间的“课程建设”浪潮奔涌而至。从北京市亦庄实验小学的“全课程”育人到清华大学附属小学的“1+X”课程体系等，基于全新理念的课程创举有如雨后春笋层出不穷。然而，在为这蓬勃发展之势备感欣喜之余，对于一线的课程革新成效，我们也需保有一些冷静的思考，切不可为急功近利的心态所蒙蔽，盲目刻意地“折腾”课程，以至于原有的课程体系崩坏，适得其反。

为此，本刊特邀何捷老师对话“新教育实验”的核心专家、“全人之美”课程总设计干国祥老师，一起回归理性的课程建构观。

课程建设为什么“爆发”

何捷（以下简称何）：干老师，我们知道在中国小学教学界，您是很早就提出“课程建设”主张的教育学者。从“课程”这个词进入中国小学教师视域到今天，短短几年就已经如火如荼，烽烟四起。各地的“课程”主张层出不穷。如此迅猛的发展势头，您怎么看？

干国祥（以下简称干）：我国近几十年的教改，政府层面主要提出两个关键词：素质教育、新课程改革。今天较为活跃的中青年专家，大都是在当年“新课程”的形势下成长起来的——有意思的是大家并不是按“课程标准”成长起来的。

当年新课程标准及相关理论的推出应该说有些急迫与仓促，但也正因为如此，它留给大家非常大的解释空间、创造空间。这十多年来，大家在用各自的行动诠释和践行着新课程改革。而且因为理解的不同，站位的不同，面对的困难不同，就自然而然地呈现出“百草丛生”的面貌。

所以，我看到的是这十多年来，“课程”就像是一个外来物种，开始在一些边缘角落扎根，慢慢地寻找着每一寸空间，变异着，繁衍着。突然有一天，我们发现它们竟然已经以千姿百态的形态，占据了教育的话语平台，占领了一部分锐意革新的学校和教室。

这是课程内在的成长机制，但是今天的“爆发”确实也有许多外在原因，其中最重要的一点，就是家长对教育的理解和需求有了根本性的变化。如果说以前家长是以考上名校为核心诉求的话，那么今天家长的诉求已经包括孩子当前的幸福、可持续发展、拥有独特的自身价值等。以前的家长是只要分数不问其他，家长影响市长，市长命令局长，在这样的形势下，下多少红头文件推进课程改革也是没有效果的。现在家长的多元诉求倒过来既给学校课程改革提供了空间，又施加了一定程度的正向压力：再不进行课程改革，只怕要越来越招致家长的质疑了。

与此同时，社会对好教师的评价标准也有了变化：以前明面上是优质课，暗地里是平均分和升学率，现在这两个指标的权重都有所下降。教师的个性发展有了空间，甚至有了社会需求。

就这样，一方面是“课程”作为一个有生命力的观念，这十多年来它一直在寻求着自己的生存空间；另一方面是最近社会的大气候，突然让“课程”这个老物种获得了迅猛发展的新契机。

课程这条路，我们可否跟着走

何：不少地区或者学校看似建构“课程”，实则是拉课程“大旗”，做相似教学的组合或拼凑的“小事”。究竟什么样的呈现才算“课程”？我们学习各区域经验时，如何辨识真伪，区分优劣？

干：刚才我是从“课程”及其“气候”的角度来谈您所说的课程得到热捧的现象，其实我还有另外一个比喻，并曾经用它来和杨东平教授的“可推广性”商榷。我认为一个课程系统要大面积推广几乎是不可能的，它只能供别人借鉴，以启发其他教育改革者。如果说它也能够很好地传播，那么只能通过有丝分裂的方式，也就是像生物体一样，等到发展壮大到一定程度，自然分离出新的个体、种群。这就导致了一个悖论：社会迫切需要优质课程，而优质课程却无法批量生产。课程为什么不能批量生产？这其实涉及课程究竟是什么的问题。

首先，课程不仅仅是教材。只有教材可以大量复制，但即使教材再加上对教材的解读，配上名师的示范光盘，都仍然不是课程，而只是扩大了、细致化了的教材（资源包）。课程最能被大家接受的其中一种描述，是把课程理解为一条道路：它包括预期的目的地、物质资源、师生在行走中的整个过程、最后到达时的风景，以及走过这条道路后已经完全不一样了的师生。在这个比喻中，教材无论是食物还是车辆，都是可以被替代的，甚至是需要因环境而被重新创制的。

这种师生共同穿越某个道路的课程，怎么能够被简单地复制呢？我们不难发现，这里最关键的因素不是教材，而是教师。教师像一个成熟的向导，他不仅要熟悉道路，而且要懂得野外生存的许多技能——如果我们把智力与人格的建构过程，比喻为在陌生之地的穿越过程。举个简单的例子，您是小学语文名师，您的作文教学在小学语文界颇有影响。但这并不是因为您获得了一本类似武功秘籍那样的作文教材，而是您本身就同时是一个儿童文学作家，您在写作方面敏锐的感受力、丰富的经验，可以帮助您在课堂上引领学生走在正确的道路上。而您的示范，可以启迪其他教师，却无法复制给任何一个人——复制教育经验就是复制整个人生，哪怕仅仅是复制您的从教生涯也是不够的。

课程作为一次全身心投入的穿越，教师必须是已经有过许多次穿越经验的向导。虽然他不能也无法替代学生去行走、翻越，虽然他带着学生翻越的山岭未必是他一定翻越过的，但若他自己是盲目的，是个没有能力翻越山岭的人，那么课程的质量又如何保障呢？

当前，优质课程的需求十分迫切，而成熟教师的数量却少之又少。于是，一种新的现象便应运而生了——嫁接。我并不想用“挂狗头卖羊肉”（现在狗肉比羊肉贵了）来形容您所描述的“打课程大旗，行琐碎小事”的现象，因为这样描述太消极了。如果从更长的时间尺度来看，尤其是从未来的视角来回顾今天，那么今天的这些“山寨品”，可能正是明天优质课程的源头。当然，前提是我们要诚恳地承认今天的课程是稚嫩的，是还需要用岁月持久改进的。

鉴别课程品质有一些原则和方法，我个人认为言说的真诚是其中非常重要的一条。我十分欣赏刘铁芳教授前几天在微信朋友圈中的一句话：“一切美化自身的理论都几乎是值得警惕的。”自身的美好应该真诚且不谦虚地表现出来，只说到八九分是稍微有点谦虚了，但夸到十三分、十五分还嫌不够，那就是有意作伪了。

其次，实验的时间是一个非常重要的尺度。一个课程从朦胧的雏形通过不断完善，成为值得推广的成品，哪怕最微型的课程，少说也要两三年。我发现有些课程才刚刚开始，自身还只做到一半，未做满一轮，就通过营销在全国推广了——这是何等急功近利的心态！在这样的心态下要想不作伪、不作假，恐怕是很难的。当然，哪怕才刚刚开始启动课程，如果只是以“我在如此探索”之名进行交流，并传播其中的得失，这永远是合情合理的。

再次，生动的案例可能是最可靠的证据。看那些理论和设想有没有结出真实的果实，这是最简单的检验方法。但正因为“眼见为实”的习惯性思维，我们也可能会在这一点上屡屡上当。我们素来有彩排的传统，走马观花式的访问往往会被“亮瞎了眼”，却并没有看到事实的真相。

最后，极小型的课程改革（姑且叫它微课程吧），可以不需要多深的理论，而只需要一个明确的有待解决的问题。但较全面的课程改革，它必须有足够的哲学、教育学、心理学理论作支撑，所以有无完备的理论，这也是很重要的一条检测标准。任何行动的背后，无论行动者自己是否意识到，能不能表达出来，其实永远有一个世界观、一套认识论在起着根本的推动作用。譬如，我们可以透过北京十一学校的课程框架，看到美国式高中的追求，可以透过华德福教育的课程系统，看到类似道家式的自然主义的追求。没有清晰、合理、有力的理论背景，课程改革往往会变成活动拼凑，瞎跟风，追时髦。有些华丽的拼凑课程，甚至能把读经、启蒙、博雅教育、特长训练等胡乱地塞到一块。

一个好的课程，一定是从清晰的世界观、认识论开始的，它一定有能够自圆其说的理论系统。而在其整个理论中，最重要的是它的“价值取向”，即它要能够非常清晰地知道自己想要什么，不想要什么，甚至反对什么。价值取向是课程之魂，而具体的课程形态，就是实现它的道路。

这套课程能不能实现这个目标，这就是一个科学事实的问题。不仅方法和道路要不断地修正，而且目标本身也需要在时间中自我修正——宏大的目标固然令人振奋，但如果根本不能实现，整个课程就等于丧失了真正的方向，变成盲人骑瞎马了。

我们学习的这个课程，它所追求的目标是我们想要的吗？这个问题比抽象的“这个课程好不好”更重要。

这套课程能实现它所标榜的目标吗？这个问题更实际，因为现在大大小小的许多课程，都是听起来很美，实际上最后学生并没有通过这个课程建构起课程所标榜的“精神成就”。譬如游学课程，本意是“行千里路，读万卷书”，通过实地游历，增强学生的历史、地理和文化意识。但最后的事实往往是：孩子大部分时间仍然捧着手机在看朋友圈，到了风景区拍几张照片发到朋友圈，吃爱吃的菜，住相似的宾馆……最后，身子移动了千万里，但精神仍然滞留在网络中。如果飞行了上千公里的游学都没有撼动、重构学生的精神世界，那么我们的哪些课程能滴水穿石地改变学生的精神世界呢？

让学生在时间中建构起美好的、理想的精神世界，这就是优质课程的目标。至于什么是美好，怎样算理想，不同的诠释就有了多元的价值追求，只要为社会所许可，为学生所接受，就行。

教师走“课程发展”之路需要注意什么

何：作为一线教师，拥有自己个性化的课程无疑是教学成熟的标志之一。我们知道不少教师在您的指导下，真正树立了课程观，践行了自己的课程建构梦。一线教师走“课程发展”之路，需要注意些什么？

干：这十多年来我确实指导一些朋友做出了一些小有名气的课程，譬如马玲的“毛虫与蝴蝶——儿童阶梯阅读”“读写绘——儿童早期读写综合课程”，常丽华的“在农历的天空下——中国古典诗词晨诵课程”等。不过这里您说的“个性化”这个说法，和学校追求特色一样，我认为是需要警惕的。

这些教师（包括侯长缨、敖双英、郭明晓等）当年启动课程实验之初，从来没想过要做一个别人没做过、独一无二、率先开辟的课程。他们的出发点不是“得找个与众不同的切入点”，而是“为了追求美好的教育，现在我能够从哪里开始”。换句话说，他们是从切身遭遇的问题开始的：我的教室、我的学科，想要更美好，需要和能够改变些什么？也正因为出发点的真诚、朴素，他们的课程探索取得了立竿见影的效果，赢得了学校、家长的认可与支持。

我认为，解决教室里的问题，永远是课程改革的最佳出发点。无论有多少人已经在此领域成名，自己有没有可能在这个领域更胜一筹，只要这个问题对学生而言是至关重要的，教师就得努力优化。譬如阅读问题，读什么，读多少，以及最后能带来怎样的阅读力……真正明白了语文教育的本质，这个问题甚至比教学教材还更重要。此外，还有交流、演讲、辩论、写作、问题研究、道德人格、契约与共识等方面必须正面面对的问题。

一个有责任心的教师，应该是以我的教室目前最迫切需要解决的问题是什么，来作为课程探索的起点的，而不应该是去寻找最能成名的冷门。当然，解决教室问题并不是靠治病式的面面俱到。在确保核心领域得到充分发展的基础上，最后让一间教室亮起来的，往往和教师自身的禀赋、气质或积淀息息相关。而且反过来也可以说，某个领域率先明亮起来，整间教室的问题大部分就自动消失了，剩下的一些问题得以解决也只是个时间的问题。

从眼前现实的迫切问题出发，从教师自身的最佳资源出发，都是创造卓越课程、缔造完美教室的合适起点。

抓教材教学与研发课程

何：在“以课程促发展”模式和“以教学技法促提升”两方面，您主张教师走哪条路？当然，我们不需要空洞的口号，我们需要明晰地听到您对这两条发展路径的对比分析。

干：依我的理解您的说法，就是问一线教师应该是以抓教材教学为主，还是应该以研发课程为主？本来，这两个因素是并不矛盾的。因为课程是个大概念，而教材教学是包含在课程中的小概念。我们几十年来以教材为圣经的做法，让教师丧失了课程观，只保留了教学法。如果仅仅要出名，尤其是通过官方的优质课出名，那么“以教学技法促提升”也许会更可靠些。但如果要确保学生获得良好的教育素养，那么孩子们只有通过丰富、充沛的课程，才能够获得健康发展。当然，这丰富、充沛的课程之落实，同样需要教师拥有一定程度的教学技巧。我冒失地下个结论：若没有丰富的课程，仅靠雕琢教材的几篇课文，哪怕教师有精深的教学功底，学生也不会有多大的长进；反之，一个甚至连公开课也不能获奖的教师，如果他能把知识的源头活水引入教室，和学生一道穿越丰富的课程，那么他和学生都将在数年的时光里获得可观的精神成长。

最后我想说，课程是长在时间里的，我们教师的职业生命也是长在时间里的。我亲眼见到一些极其朴素的教师，仅仅抱着改变教室，让学生更好地成长的心愿，而勇敢地走上了研发课程的道路。如果从今天起我们在学校和教室播下美好且善良的种子，时间终将让我们收获无尽的花朵与果实——它会超乎今天所能想象。从种子到花朵和果实的整个过程，就是课程，而师生的生命、喜怒哀乐，皆在其中。

课程中的日常与非常
——仪式、庆典、挑战的教育学意义

关于这次英语童话剧，班主任都发表了意见，英语老师继续讨论前，我先说几句。空前的成功，长足的进步，巨大的付出……所有这些我们已经庆祝，已经认证。今天我们是冷静地反思：如何做，可以做得更好？

我想请大家厘清两个课程概念：日常（正常）和非常。日常，指正常进行我们的教学，根据课表，根据计划进行下去，所有的人都处于默认和默会状态。非常，就是打破日常生活，出现了挑战、断裂、破损。

当一个非常课程出现的时候，我们先要明确：非常既不一定是好事，也不一定是坏事，而是一个特殊的事，一段特别的生活。我想说的是，我们该怎么来处理课程中的非常？像这次英语童话剧就是个非常课程，那么这个非常课程即将来临之前，当事人就必须要郑重其事地向全世界宣告——这个世界包括什么？因缘关系中其他所有的人，尤其是班主任、家长、孩子。对不对？告诉他们，我们将进行一次重大的挑战，而且，希望其他的人能够给我们适当地让路、帮助，至少能够理解和体谅。

这必须要在事先达成一种高度的共识，如果没有这个共识基础，认为这就是我自己的事情，这是不能成立的。因为正常与非常是两回事。它既然是个非常，就必然会严重影响到其他人、其他课程。这种非常课程未必一定能得到其他老师的支持，假设另外一个学科像公立学校一样跟你抢客户，跟你抢学生，那我们就会出现灾难性的后果。所以，你做

这个非常课程之前，就应该很清晰地昭告天下，绝不是随意而为的，绝不是一意孤行的。

最后，如果我们这次做大了，远远超出计划，太大了就有了危险。虽然大家出于同志情谊都来帮忙，但可能很多人心中不无抱怨。为什么？因为他也有他的计划，他可能是被迫改变了他的计划，也许乐队受损了，也许文言课程受损了，而班主任更是要统揽全局——所有的人都有自己的计划，而且有可能他的计划中也是有非常课程的。所以，只要不是正常课程，就必然会影响到大家，因为你的非常课程，导致别人的正常情况都快维系不住了。

为什么？因为你的挑战难度越大，人家那边的事就越要减损，非此即彼，此起彼伏。我们是一个整体，我们只有24小时，学生只有24小时，课程都排得满满的，额外的生命从哪里来？额外的时间从哪里来？

我讲的是我们怎么处理事情，大家知道我是欢迎并希望大家创造这种非常时刻的。为什么？我经常说，任何一个课程都需要累积，累积到某个临界点，就可能会创造爆发点。这个爆发点是怎么创造的？打个比方，树叶每天都吸收着阳光，这叫正常。那开花叫什么？开花和结果就是非常，因为它是要消耗能量的。可是在开花结果之前它需要做什么？它需要长时间地积蓄能量，而不是总在消耗能量。

现在我们英语课程以前积蓄的能量本来就不够，尤其是像五年级、三年级几个新班。对个别孩子来说，才刚转进来，还来不及品尝幸福完整的教育生活，就突然面临巨大的挑战。假使他的英语基础又不好，那这个后果就可能是灾难性的，是不是？我们都可以反省一下，之前英语课程本身的能量积蓄够不够支撑起这次挑战？

我们这次从其他学科汲取（借取）了太多能量。这次挑战超乎我们的预料，时间和精力都有点超负荷，最后，班主任包括校长都来帮忙了——帮忙是应该的，大家是一家人，为什么不帮？但是大家都得汲取一个经验：挑战得适量。这不是英语老师主观上的错，是因为大家经验不足，估计不足——大家可能高看了学生，也高看了自己，所以这次巨大的成功隐含了风险，这个风险难道你们没有后怕吗？万一我们和其他教师的课程产生持续的矛盾冲突，冲突到了一个临界点，别人就不会说我们是同志，就不一定无条件付出了，对吧？为你让让路是可以的，为你让路结果自己翻到阴沟里去了，那是受不了的。

这样的风险，这次已经有点苗头了，但是大家只是发出不同意见而已，在行为上没有表现，反过来，都是给予实质性的支持。大家都在理解对方。但比取得同事理解、谅解和帮助更重要的，是感受到学生的生命起伏。第一，这是一场史无前例的挑战，万一失败，后果就是灾难。第二，即使挑战成功，他付出的代价是什么？如果是最后见到英语就麻木了，以后看见这个东西就恶心了，就像我喜欢吃一个东西，我天天吃，吃到恶心了，你知道这个后果有多严重吗？过量，是得不偿失的。

当然，这只是一小部分学生。可现在我们要讨论的是假如伤害了一部分学生，我们该怎么办？我们讨论的关键点，不是这次活动的成败，谁都不会否认这次挑战的成功，学生从中获得了成长与进步，我们的问题是如果引发了对个别学生的明显伤害，那么我们又该怎么去解决呢？这才是关键！

为什么？因为我们的教育原则是什么？是不能为了个别有天赋的孩子或者某些孩子而牺牲其他任何一个孩子。

那怎么办呢？这个事情怎么处理呢？

我这里没有现成的答案，因为所有这些东西都是在相互共同生活中，是反复编织的一个结果。所以在某种意义上，这次活动我个人认为大家获得的一个最大的价值恰恰是经验与教训并存。也就是说，通过这次挑战，我们以后再做这类事情时就会完全不一样，会更成熟。

我希望下次还要有非常课程，有大挑战，包括童话剧、英语歌曲比赛、电影配音……我们今日反思，不是说这次成功代价太大，所以我们以后不搞了。不对啊，我重申刚才一句话：正常维持到一定的时候，差不多了，积蓄阳光积蓄得差不多了，就要再度开花结果，就要来一次非常，就要绽放，就要挑战。

但挑战只能成功!

上次那个日本教育视频，一个6岁的孩子在他的毕业典礼上挑战跳十段跳箱。很感动人，但很多人并未真正理解。如果这是这个孩子第一次跳，那就叫瞎搞!他跳不过去，于是毕业典礼上让他跳过去——正常的校长不会这样做的。这个视频意味着曾经有一次他跳不过去，在鼓励之下，他终于跳过去了，那么也就是说他现在跳过去的概率已经很高了，但是并不能够绝对地跳过去。所以这也就成了他的一个象征性的仪式。

大家知道这对他还是有难度的，但是他是能跳过去的，这才变成一个仪式。轻松跳过去，毫无价值;最终跳不过去，那灰不溜丢是啥故事啊?这个幼儿园神到什么程度?只要同学围起来喊一声，就一定能过去?这是巫术吗?这是不可能的!

这类事你一定要有把握让孩子跳过去，必须让他跳过去，万一在这样的时候他跳不过去，后果就很严重。为什么?他一生都会带着那种失败、那种灰冷的心情，觉得自己很糟糕……那么让我们想想那些英语基础比较弱的孩子，怎么跟他讲?怎么提前去帮他?假如他这次受了伤，你怎么去补救?对过度训练而厌倦的孩子，怎么去重新引导他发现课程的美好?

拜托各位，务必在乎这一点。

传统文化，南明教育这么教

——在第四届教育创新年会上的演讲

这是我最热爱的现代诗之一。

当我沉默着的时候，我觉得充实；我将开口，同时感到空虚。

过去的生命已经死亡。我对于这死亡有大欢喜，因为我借此知道它曾经存活。死亡的生命已经朽腐。我对于这朽腐有大欢喜，因为我借此知道它还非空虚。

……

这是多么精辟的文字，多么深刻的诗歌。

但就是这首诗歌的作者说："汉字不灭，中国必亡！"他还说："方块汉字真是愚民政策的利器！"

中国文字真的有毒吗？传统文化真的全是糟粕吗？

鲁迅先生万万不会想到，一百年之后，在他的故乡，在他的祖国，出现了一种新现象，这种现象用一个新概念可以形象地概括——油腻中年男！有人形象地描绘：他们爱穿唐装、僧袍、道袍、汉服，他们爱戴各种串，他们在聚会时朗诵诗歌然后开始哭……

不仅如此，几部学术界最"敬畏"（神秘主义）的古老典籍，成了最流行的思想宝典。他们相信几千年前结集的《易经》，能够解释全宇宙的奥秘；他们相信《黄帝内经》，完全掌握了人体的奥秘；他们相信《道德经》，足以指导人类社会和个人生活……

传统文化是什么？我们不妨粗略地把传统文化分为三个层次。

它的表层是一种物的装饰，如穿汉服，把学校建成徽式建筑……但商周隋唐宋明清，哪个时期的服装才是汉服？汉人普遍爱穿的，就是汉服，我这样认为。每个地方有不同风格的建筑，每个朝代有不同的建筑，它们都是中国风——凡今天好的创造，在未来看来都将很“中国”。

传统文化的第二个层面是切身的技艺，如琴棋书画歌舞诗酒茶……我赞同更多地重温这些技艺，只要它们能给我们带来美感和舒适。譬如我们学校每到冬天就酿酒，孩子们不能喝酒，就吃点甜酒酿，酒留给老师们品尝，一年也喝不完。

传统文化最重要的是第三个层面，存在的层面。以儒释道文化的创造本源为魂魄，如是生活，如是存在，如是命名和创造……简而言之，我们要把对传统文化的复古诉求，更换为复兴诉求，要把对传统文化的怀旧诉求，更换为本源诉求。

做教育，我们认为，立场和姿态比方式和方法更重要。有关传统文化的教学，我们最基本的立场和姿态可以归纳为四句话：同情地了解，批判地接受，大体处认同，细节上追究。下面分别举例加以阐释。

第一条原则：同情地了解。

我以“在农历的天空下”课程为例，事实上，武术、民乐、吟诵、书法、茶艺、陶艺、书法等课程都相似。

2016年，中国的24节气申遗成功。但早在十年之前，我们就启动了“在农历的天空下——24节气诵读古诗词”课程。除节气和节日诗歌外，我们按诗歌里的物候和温度，精心编排了秩序。第一个课程是“梅花”课程，不仅因为梅花开放得最早，而且因为作为人格和文化的象征，它的意蕴也最为丰富。我们在校园里的一树树梅花下，吟诵、感受、玩味、理解，把自然的梅花、历史的诗句和当下的生命打通。我们拒绝死记硬背——任何领域的死记硬背，即使不能透彻理解，但至少我们能够做到兴发感动，在兴发感动的基础上，再有选择地熟读成诵。

百花还未开尽，梅花、樱花、杏花就已经在纷纷飘零，最动人心弦的“落花”课程开始了——因为我们总是把自己的生命比喻成花，它的期待、孕育、含苞、绽放、凋零，就是生命周期性的期待、孕育、含苞、绽放、凋零。所以，穿越了“落花”课程之后，这些四年级的孩子的心灵，便真真切切地变得敏感起来——对万物，对自己。

今年的每一个节气和节日，我都要为师生们写一篇文章，在当天的一大早发布。

譬如这是惊蛰那一天的文章（原文《惊蛰：天地变化，万物蠢生》）。文章里，我讲到了历史、地理、气象、物候；讲到了惊蛰得名的由来，和它的妙处；讲到了眼前的诸多细微的风景；讲到人作为万物之一，同样受天地影响的生命状态。

呼应刚才李海林老师关于早恋问题的演讲，我读两段，表示共鸣：“是的，蠢蠢欲动，这就是惊蛰前后万物的风情。心再也按捺不住，要打开门去，要翻出墙去，要呐喊和游戏，要战斗和恋爱，要产生无数莫名其妙的念头，和不切实际的梦想。”

学了惊蛰诗歌，读了我的文字，孩子们就去观察物候，依据物候、诗歌和自己的感受，写出他们自己的节日文章。

第二条原则：批判地接受。

关于中国思想，我们认为与其回到某个盛世，不如回到百家争鸣时代。也就是说，我们认为，审辨式思维（又叫批判反思性思维）在传统文化的学习中尤为重要。我们认为古今东西对话中的绝对原则，不是孔子、孟子或者苏格拉底，而是自由，再配合民主和科学。

以二年级教学《弟子规》为例，它只是一本很晚才出现的蒙学或者扫盲教材，并不是经典，但它确实是传统文化的一部分，正好可以用来对话和审辨。

比如教《入则孝（2）》：

事虽小　勿擅为
苟擅为　子道亏
物虽小　勿私藏
苟私藏　亲心伤

我们配上了白话：

你现在年纪还小，想做什么事，应该先和父母商量，不应该一个人自作主张。因为你的父母要对你的一切行为负责，如果你擅自去做某些事，就可能伤害父母，这不是做子女的道理。同样的道理，你所用的一切物品，都是父母用劳动换来的，你不应该偷偷地藏起自己喜欢的东西，更不应该在外面偷偷地把不属于你的东西拿来。所有这些，都会让你的父母伤心。

我们让学生自由表达，展开对话，最后提供一种成人的意见，仅供参考：

除了父母已经告诉过你，让你独自去完成的那些事，有什么新的想法，最好是和他们商量商量，因为万一事情做坏了，带来了损失，要承担后果的也是你的父母。

这是不是说应该胆小怕事呢？当然不是，只是说：学会商量。

不要私藏物品，是不是说一个人不应该有自己的秘密抽屉、秘密花园呢？也不是的，它只是说，你不应该把本不属于你的东西，偷偷地据为己有。大胆做事，更大胆地想事情；拥有自己的秘密日记、秘密抽屉和秘密花园……这些和孝敬爸爸妈妈并不矛盾。

记得：有大事，一定要和爸爸妈妈商量，听听他们的意见。

第三条原则：大体处认同。

我们认为，儒释道等传统文化，都有其积极意义。

儒家的积极意义，就是它的仁智勇，它的生生不息，它的天行健，君子以自强不息。

道家的积极意义，就是它对个人自由，尤其是心灵自由和艺术超越的无条件推崇。

佛教的积极意义，就是它道出了宇宙本质上的虚空，所谓意义，就是我们在虚空前的舞蹈，在寂灭前的歌唱。

东方文化的积极意义，就是它告诉世界，文化和文明不止一种模式，作为人类的创造物，它怎么走，同样取决于特定处境中人类的自由意愿。

我们给六年级学生教授了“铁肩担道义　妙手著文章——儒家思行录”的课程和“道法自然——道家文章选读”的课程。其实儒释道文化早就在不断渗透，这只不过是一次比较集中的学习罢了。

就我本人来说：少年时热衷于自由的道家；意识到自己的责任后，就成了标准的儒家弟子；但时刻准备着放下一切——或者说把权力和责任交给后来者，又成为一个佛理的践行者。这便是文化与我个人的因缘。

第四条：细节上追究。

这一点其实就是审辨式思维和研究性学习在传统文化教学中的运用。

以文言兼历史课程为例，我们的学生在五年级上学期学《世说新语》，五年级下学期学《三国志》，六年级学《史记》和《汉书》，他们要练习句读，学会批注，并对主题和人物进行讨论和评议。譬如曹操的成败得失，司马迁如何夸大了李广这个英雄，而如何巧妙黑化了卫青和霍去病……

我们努力擦亮每一个汉字。汉字无毒，汉字里有历史，有无穷的美妙和奥秘。我们努力吻醒每一首诗词，因为诗歌里有最美丽的汉语。我们努力复活每一个中华传奇，因为神话和经典故事里，蕴含着这个民族兴衰的密码。《盘古开天辟地》《女娲补天造人》《夸父逐日》《精卫填海》《大禹治水》《愚公移山》……仅仅这些标题，你就能读出这是一个怎样的民族。

读《西游记》，我们讨论金箍棒和紧箍咒哪个更重要，以及应该谁领导谁。我们发现，金箍棒象征了神通、能力、科技、经济、武器、军事，而紧箍咒则象征了法律与道德，它代表着正义、公平、博爱……那么应该谁领导谁呢？当然不能是枪杆子驾驭法律，而应该是宪法领导军队和警察。

什么是传统文化？它就是赋予人间草木、一切语篇以这片土地特有的色彩——东方的色彩。它是赠予我们每个个人和这个世界的一份礼物——当然，每个人仍然有权拒绝接受它。

思想品德政治课与化功大法

有校长和老师数次询问"全人之美"课程下思想品德政治课的教授之法，我的意见是：现有的思想品德课不是一个严谨自足的课程，而是一个特定环境下极有必要的补丁式课程（至于有没有教好，则是另外一回事）——但在"全人之美"课程里，它似乎有些多余，因为隐性的道德人格课程和显性的班会、暮省，已经替代了这个官方课程的作用。但是既然规定有这个课程，就得教啊；既然手里有教材，就得用啊——不得不用，而且用它也省去了为一个活课程编撰死教材的时间和精力。

问题是：怎么用？

我给出的参考方案是：以化功大法教思想品德政治课，用思想品德政治课练化功大法。

这个化功大法，就是"全人之美"课程3.0版本两大核心观念之"审辨式思维"，也是"全人之美"课程纲领中智慧课程的核心，"尊重其异议，独立其精神，自由其思想"，而不是"全人之美"课程纲领中道德人格课程的核心"充沛其德性，文明其德行"。

是的，首先把它转化为智慧课程下的道德课程，而不是纯粹的道德课程。以智辅仁，把道德课堂理解为道德审辨，而不是道德知识、道德实践。因为"全人之美"课程中已有大量道德情感和道德实践，所以此处改为道德思辨更有互补价值。道德情感、道德实践、道德思辨，乃是道德课程的三维，不可或缺，它们不是谁高谁低、谁对谁错的问题。

具体怎么操作呢?

很简单。把思想品德政治教材理解为一个“话题+参考答案”,而把我们的课程程序化为:就话题自由发言讨论;在适当的时候,引入不同的材料(包括引发冲突的事实材料和理论观点),继续发言讨论;在某个时间,引入官方参考意见,对官方参考意见进行聆听和审辨,理解它的立场以及界限;最后,重申就此事或此话题,我们都仅仅走在探索的道路上,没有谁掌握绝对正确的真理,我们在未来也会否定今天自己的见解(此谓成长)——但是,观点之间存在着对错和高下,我们课堂的任务,就是去错存真,弃低逐高,或者说,在纷繁复杂的信息中,掌握去伪存真、弃低逐高的能力。

这样操作的方便之处,就是不必为教材烦恼,一切话题、素材,包括偏见,都可以为我所用,都是练功之好材料。但它仍然是思想品德课程的理由,就是它的话题,基本上围绕在“思想品德政治”这个原本宽泛的概念周围,而不是纯粹的哲学思辨或某理论框架的学习。

这样操作的困难之处,就是要求教师具有极高的对话能力和讨论主持能力——而这恰恰是教师目前最缺乏的能力之一。不过,能力从来不是天生的,它只能在过程中锻炼而来。练习日久,原本缺乏的,也就成了擅长的。

被误读和浅读的“最近发展区”

误　读

苏联心理学家维果茨基的“最近发展区”概念，在我国教育一线被极高频地使用，几乎成了一个教育成语。又不知是谁率先发明了一个通俗的比喻，来形象地解释“最近发展区”：跳一跳，摘果子。于是，“最近发展区”一般被理解为儿童能力的生长地带，就像植物根系的生长点（分生区），正是这部分不断地向外拓展成为根部，才使得儿童的思想不断地发展和形成。

把“跳一跳，摘果子”的比喻分解开来，就是说儿童的学习行为就像是跳跃，不跳自然摘不到果子，但若果子太高，儿童跳起来够不着，那么学习行为就并没有真正发生——没有完成内部的建构。因此在大多数使用这个概念的教育文章中，“最近发展区”往往和下列表述结合在一起。

> 教学要考虑到儿童的最近发展区，不能好高骛远，片面追求高度和深度，让学生踮着脚甚至跳起来都摘不到果子。
>
> 合作学习的内容选择，应符合最近发展区。
>
> 预设问题要符合学生的最近发展区理论……知识处于最近发展区时，最能激发学生的学习动机。教师在预设问题时，不考虑学生现有的生活经验、知识基础、认知发展水平和思维发展

水平……

举个教学中的例子，如果有老师在小学五年级《渔歌子·西塞山前白鹭飞》的教学中援引了儒家思想和道家思想，并在课堂上进行儒道思想的碰撞，那么这显然就是一个教学内容超越学生“最近发展区”的恶例。

然而如果维果茨基本人在场，并且能够听懂中国诗歌教学的话，他极可能会说，这位援引了儒道思想来教授《渔歌子》的老师，才真正理解了他“最近发展区”的真谛，而那些批评，倒正好是对这个概念的误读。

为什么?

在最低级的误读中，“最近发展区”这个概念和维果茨基的理论思想并没有任何关系，人们只是字面上使用这个词语，对它的理解完全停留在它的上述中国式解释“跳一跳，摘果子”上。于是“最近发展区”被理解为与儿童现有智力发展水平最靠近的一片区域。这一区域模糊和朦胧地潜存于儿童的经验中，正是学习或教学使这片模糊的区域清晰起来；超越这个区域的学习和教学，显然是不可能成功的。如果用图示法表示的话，就是有两个同心圆，里面的圆表示学生牢固掌握的知识，没有重合的一圈则表示“最近发展区”——最可能转成为内圈的那部分模糊知识。

在字面上，这样理解似乎完全没错，而且它确实至少揭示了一个常识：教学不可能不考虑儿童的现有水平。然而即便是在字面上，它也并不是维果茨基的“最近发展区”概念的意思。

本意

对这个概念，维果茨基有自己的描述（虽然脱离了语境这一定义仍然会导致误读）：

用独立解答习题的办法确定的这个智力年龄或者现实水平，和儿童在不是独立地，而是在合作中解题时达到的水平之间的差异，就决定了儿童

发展的最近发展区。（人民教育出版社《维果茨基教育论著选》第244页）

儿童在成年人指导和帮助下演算的习题的水平，与他在独立活动中便能演算的习题的水平，二者之间存在差距，这个差距就是儿童的最近发展区。（人民教育出版社《维果茨基教育论著选》第386页）

浅读

依据这个定义，我们能马上觉察到前面那种最低级的误读和使用错在何处:“最近发展区”的下限（或内圈）并不是儿童已经牢固掌握的知识，而是儿童能够独立达到的水平;“最近发展区”的上限（或外圈）并不是儿童能够掌握的知识，而是在接受教学后儿童能够达到的水平。

但我们可能会马上草率地得到理解“最近发展区”的另一幅新草图。在这幅新草图中，儿童的智力发展被画成三个同心圆:最里面是儿童现有可靠的智力水平，中间是儿童通过自己努力所能达到的智力水平，最外层是经过社会交往尤其是教师教学后儿童所能达到的智力水平——而后二者，也仍都是儿童已经具备的潜能，就像儿童头上的一片云，上升一点就达到了。

但我要说，这样的理解仍然是浅读了维果茨基理论中的“最近发展区”。因为这样理解的时候，“最近发展区”概念仍然是一个消极的限制，是一条教学不能逾越儿童可能性的红线。以上面教学《渔歌子》为例，人们仍然会坚持认为，儿童独立学习只能停留在这首诗的朗读、背诵和模糊感知上，教师通过教学，能够让孩子清晰地感受到西塞山春天的美丽风景和一个洁身自好的渔父形象，这就是达到了“最近发展区”，再往前走，就是逾越红线。即使有教师认为有一定基础的优秀儿童可能有能力理解儒道思想，但他会坚持认为，“最近发展区”仍然说的是一条教学红线，它既划定了教学有效区，同时也划定了教学禁区，它说的仍然是教学不可能超越学生的认知。

正 读

在撰写心理学名著《思维与语言》时，维果茨基就意识到人们的这种理解的顽固，他说："教学总是应该与儿童的发展水平相一致，这是多年的经验所确定的，也是反复检验过的毋庸置疑的事实。……但是，只是在前不久才注意到，在我们试图确定发展过程对教学可能性的真实关系时，我们不能只限于确定发展水平。……以已经完成的发展阶段为目标的教学是无所作为的，它不会带来新的发展过程，自己只会在发展的尾巴后面爬行。'最近发展区'学说和老观点不一样，它使我们可以推出一个相反的公式：只有跑到发展前面的教学才是好的教学。"

维果茨基说得非常明白：只有跑到发展前面的教学才是好的教学，是教学使得许多领域的发展成为可能。他继续说："我们也不怕在说过这一切之后坚决地声称，教学的本质特征是教学造成了'最近发展区'，就是说，教学引起了、唤醒了、启发了一系列内部发展过程。这些过程，对儿童来说，目前只是在他与周围人们的关系中，在他与伙伴的相互合作的环境里才是可能的。"

在仔细研读维果茨基整部《思维与语言》以及相关的其他论著后，我总觉得，"最近发展区"这个教育词语最好的使用方式应该是这样的："创造出（某个知识领域的）'最近发展区'"，"开辟出（某个知识领域的）'最近发展区'"，"于是（某个知识领域的）'最近发展区'出现了"……

我们需要走得更深一点，不仅停留在这个概念上，而且要勇敢地走向维果茨基理论的深处。另外，我们还有必要理解作为心理实验对某一理论进行检验时的有限性。

作为严谨的心理学家，维果茨基和皮亚杰一样，非常重视实验，强调不被一切理论左右的事实。因此在用实验支持"最近发展区"这个概念的时候，维果茨基也需要设计一些实验。譬如他让两名 8 岁的儿童一人独立解答数学习题，另一人在教师的示范和讲解下学习数学，然后再对二人进行检测，发现前者能解答9岁儿童的习题，而后者则能解答12岁儿童的习题。

但正是这样有限的实验，让“最近发展区”最积极的意义（教学开辟“最近发展区”、教学使发展成为可能）被限制，而停留在它较低层次的意义上：那一小片与独立学习能达到的区域毗邻但更远的区域。

为了方便实验组和对照组进行数据比较，设计者往往会利用前面学生已有的某项智能来设计（譬如解答数学习题、阅读散文并理解大意等），而不会把实验设计为开辟一个全新的领域。因此我们看到的，是教学所带来的同一具体智能上的落差，却不是教学开辟、造成了全新的可能性。

以教学《渔歌子》为例，如果说让学生描绘西塞山的风景、感受诗中渔翁的形象是一个基于前面知识的智能的话，那么用儒道思想来理解这首词就是开辟一种全新的可能性。前一种智能比较得到是“高下的差距”，后一种智能比较得到的是“有无的差别”。

“最近发展区”概念更进一层的心理学和教育学思想，维果茨基是通过辨析“形式训练”这个概念来展开的。经过几代教育学家和心理学家的努力，左右古典教育的“形式训练”概念被证明站不住脚，即人们现在普遍认为，大多数智能是不能有效迁移的，就像人学会骑自行车，并不能够使他打高尔夫球的技能有所进步一样。但维果茨基却为这个概念进行了辩护，认为这是一个被误解、误用之后，才成为教育灾难的好概念。也就是说，维果茨基认为存在着基本的智能，尤其是在同一学科和相近的学科间，存在着可以迁移的基本智能。他认为，不仅存在着像有意注意、抽象思维、逻辑推理这些基本的，可适用于一切认知过程的基本智能，而且每一学科都有自己的基本知识形式；而教学的一大重任，就是要发展这些基本智能。他说，这正是学校的学科教学区别于打高尔夫球或者骑自行车的地方，因为学科知识是具有系统性的，那些最基础的核心概念，往往是整个系统的关键所在。

也就是说，教学促进发展，被教学所开辟的“最近发展区”，在更积极的意义上，就是通过核心知识的教学和典型案例的分析，来开辟一个新的认知领域，使得一个仿佛原本不存在的领域，全新地出现在学生面前。

儒道思想在中国古典诗歌中的渗透，其居于许多诗词中有如灵魂般的作用，如果不是被这样有意识地开辟，那么一个孩子极有可能在背诵了千百首唐诗宋词后，大脑依然一片空白，全然无知——也就是说，孩子仍然可能在过了许多年，积累了大量同一层面的知识后，没有得到层级性的发展。但是如果通过温习柳宗元的《江雪》这一儒家渔父形象的孤傲苦闷，与《渔歌子》中道家渔父形象的逍遥自在进行对比，对“桃花流水”“白鹭”等文化符码进行串联解析，学生未尝不会像在某节课堂上呈现的那样，能够创造性地归纳两类渔父，一是得意、一是失意。学生未尝不能体察在做一个担当天命的儒家知识分子，和逍遥自由的道家知识分子之间进行抉择的困难。

而这片被突然开辟的“最近发展区”，这些模糊中渐渐显形的概念，则有可能让学生的诗词学习成为一种科学的智性的学习。

在这一积极意义上，“最近发展区”更像是开辟一个全新的领域，这一领域的开辟使得后面的教学、学习拥有了非常大的空间，但并不是说，“最近发展区”的开辟就是完成了这个领域的全部建构。维果茨基反复强调说:“掌握新词语的时刻，相应概念的发展过程并不是结束了，而只是刚刚开始。在掌握的最初阶段，新词语并不处在发展的末尾，而只是刚刚开始。在这一时期新词语总是不成熟。词义逐渐的内部发展导致词语自身的成熟。”

就上例而言，儒家思想、道家思想，以及它们在词语背后、词语内部的存在方式，这并不是通过在小学五年级教学《渔歌子·西塞山前白鹭飞》这一课就能完成的，它只是一个开始，但它的出现将影响学生理解中国古典诗词的方式，随着这些概念在今后的学习中被不断地遭遇，这些概念的丰富性、深刻性、歧义性将逐渐被孩子所领会，由词语而真正成为牢固的、内化的概念。但是如果教学中不引入这些概念，那么这些孩子有可能一生都不能够从这个角度去理解这首词，而只把它当成一首优美的风景诗。教学使得这个领域的发展成为可能，而这个领域和中国古典文学、中国文化又息息相关，对这一概念的把握，将作为这个领域的基本智能，像一把神奇的钥匙，打开更大领域的学习之门。

我认为，这才是维果茨基“最近发展区”概念真正想说的意义，我把它称为这一概念的第二层面的意思。事实上，这一概念还有第三层面，即实验室的实验更加难以提供实验支持的深远意义。

深读

在最深远的这层意义上，维果茨基让我们想到整个20世纪西方思想界的“语言学转向”。他的许多表述，让我们想起卡西尔的《人论》中“人是符号的动物”，以及德国哲学家洪堡特“民族的语言即民族的精神”等思想。

这一思想的核心可以这样表述：任何领域中的核心知识，都并不是一个人独立地建构出来的，它是社会对个体成员的赠予；在获得一种语言或其他符号系统的同时，我们就获得了某种认识的方式。

比如我们的语言，就几乎完全是社会千万年的创造，然后在短短的几年内，在和父母的共同生活中赠予我们的。如果我们生活在另外一个语言环境下，则将拥有另外一种语言——这事实上意味着将拥有完全不同的信仰、习俗、思维假定，成为与现在的我们很不一样的人。

我们甚至可以这样推断，如果不是希腊数学家，也许人类至今没有发展出近代意义上的客观化思维，进而现代科学也就可能尚未出现——那些与世隔绝的原始部落，以及无数超常的智商，都并没有能够独立发展出系统的数学和科学，因为作为一种系统化的符号，它对于任何一个个体来说，都首先是赠予的。没有这套符号，就没有它所能够实现的功能。

维果茨基在这方面的思考，被后来称为“社会建构主义”（区别于皮亚杰等人的个体建构主义）的学者继承并发展，而维果茨基本人，则更多地在教学对发展的积极意义上来思考这个问题。

模 仿

也正是在这层意义上，维果茨基重新审视了“模仿”这个概念，他认为模仿也许不是一种低级的智能，倒恰恰是非常重要、十分高级的智能：只有达到比较接近的层次，模仿才成为可能。如果要举例的话，我们可以说，许多科技落后的国家无法模仿美俄等国家的科技，而今天的中国则是一个模仿高手，正是通过模仿，它发展的速度比任何其他国家都要迅速。而这种模仿力将使得这个进步者在达到无可模仿的境界时，有可能成为一个创新者。

其实我们在绘画、音乐、诗歌、小说等几乎所有领域，都可以窥见这一规律：天才总是从对前辈天才的模仿开始的，只是他们能够很快领会前辈所达到的境界——显然模仿并不是对表面形式的抄袭，真正的模仿应该表述为：创造出同样等级的作品。

譬如战斗机操作中有著名的普加乔夫眼镜蛇机动，所谓模仿者，就是能够在飞机上完成这个动作的人。体操运动中的许多动作也是同样的道理。还有一个典型的例子就是中国书画，国人强调临摹，而真正高水平的模仿者就是指能够信手书写而以假乱真的人。这样的境界在一定程度上已经接近专家的水平。

关于这种教育学意义上的“模仿”，美国大诗人惠特曼有首名为《有个天天向前走的孩子》的诗，可以视作一种极具诗意的刻画。他写道：

> 有个天天向前走的孩子，
> 他只要观看某一个东西，他就变成了那个东西，
> 在当天或当天某个时候那个对象就成为他的一部分，

或者继续许多年或一个个世纪连绵不已。

早开的丁香曾成为这个孩子的一部分，

青草和红的白的牵牛花，红的白的三叶草，鹟鸟的歌声，

以及三月的羔羊和母猪的一窝淡红色的小崽，母马的小驹，母牛的黄犊，

还有仓前场地或者池边淤泥旁一窝啁啾的鸟雏，

还有那些巧妙地浮游在下面的鱼，和那美丽而奇怪的液体，

还有那些头部扁平而好看的水生植物——所有这些都变为他的成分，在某个部位。

……

在透彻地理解了维果茨基的“最近发展区”理论之后，我们不妨把惠特曼的这首诗，理解为对这同一原理的诗意表达。但这里只是强调了教学内容对孩子生命的开拓性，没有指出教师在这个过程中的作用。而那句众所周知的名言，则最好地道出了教师在教学中的这种无可替代的地位：“教育就是一片云推动另一片云，一棵树摇动另一棵树，一个灵魂召唤另一个灵魂。”

如果我们把惠特曼的诗歌和上面这句名言结合在一起，我们就有了一个完全不同于“跳一跳，摘果子”的对“最近发展区”的新解释。而对这个概念的深入了解，将让我们对今天甚嚣尘上的片面强调学生自主练习的教学模式，不得不心生警惕。

确实，我们难以相信，如果不是中小学教室里拥有人文、语言、科学、数学等领域的卓越者、敏锐者，那些孩子真的能够凭着机械的反复操练和相互校对答案就能够成为这些领域的卓越者、敏锐者。

我宁可相信：真正的大师会违背这些可笑的程式，而他们在知识面前的左右逢源、游刃有余，将使得教室里的孩子们，有可能通过效仿而成为这些领域的天才。

赠一间教室以秩序

低年级孩子最需要秩序，他们在秩序里才感到安全，才不必像小野兽那样，用野蛮的方式，去探索自己在群体中的位置。

秩序有多种：民主秩序，专制秩序，丛林秩序……

民主秩序是人类不久之前才发明的文化杰作，它罕见于自然界——大自然奉行的是丛林法则：物种间弱肉强食；物种内强者为王，弱者为奴。

有人类以来，大多数时候采用的秩序介于二者之间，也就是专制秩序：秩序井然，简单有效。

民主秩序有诸多缺陷，但我们钟爱它、选择它，因为它是建立人类秩序的方式里，危害和坏处最少的一种，也是个体利益最大化的秩序。

秩序教育，就是把民主的秩序，用教师的权威，强行建立在教室里——否则，处于自然状态，教室里形成的将是丛林的秩序。

所以纪律教育首先要面对的挑战，就是那些试探着想要在群体中“称王”“为尊”的孩子。他们已经在过去的岁月里品尝过控制别人的乐趣（并获得巨大的利益），基于本能和习惯，他们还会继续——坚定不移地尝试，直到他们遭遇强力的民主守护者，切身体会到每一次尝试付出的巨大代价，屡试屡败后，才会暂时放弃霸权的争夺——只要环境不支持民主了，他们还会卷土重来。他们孜孜不倦地追求权力的欲望，使得他们有的成为杰出的领导者、开拓者，或者监狱里的重刑犯。

纪律的涣散，往往开始于勇敢的权力探索者、狡猾的机会主义者对教师这位民主秩序守护者的挑战。这种挑战极少是体力的，普遍都是智力的游戏，也就是说，它开始于闲言碎语、小打小闹，开始于似是而非的试探。他要试试每一个新来者的水，看他是不是可以被自己把控。

大多数时候，教师会败下阵来！最后，教师不得不自己变脸，或者请更高权威，用专制秩序替代民主秩序，用绝对的纪律来维持一间教室的运行。

维护民主秩序的奥秘就在于“温和而坚定”——像当年父母训练孩子大小便那样，坚定不移地捍卫教室的纪律，让基因里本就写着丛林法则的“小野兽”，最终成为捍卫民主的“小公民”。

这是一场绝不能输的战争，教师的败北，将是所有善良孩子的灾难！可惜大多数教师不明白，他以为自己是和整个教室作战，其实那里本来都是他的盟友，只是他敌友不分，最终让所有孩子成了权力角逐成功者的追随者——他们开始时可能是被迫，但后来就发现自己骨子里就有这样的需求，文明在此前所做的努力，终于成了粉饰！

赠予一间教室以民主的秩序，第一步，就是制定（明确、宣告、转达）游戏规则，宣告拒绝丛林法则和专制秩序，只让民主、平等、自由和博爱成为一间教室的运行法则。（在低年级，契约是培养民主和自律必不可少的形式，其实内容完全由老师确定。越往上，学生的主体性越明显，最后教师不过是启发者和监督人，契约文本完全由学生自己拟定。）

自由的纪律教育的一个奥秘，就是规则务必少而精，要求不能太高，但确定的，必须百分之百地做到！

规则制定后，马上就会有挑战者以狡猾的方式试探老师有多大的决心捍卫他所宣告的一切，这是从零到一。如果从零到一成功了，那么从一到一百、一万就会自然而然形成。所以第二步才是关键，第一个事件的处理，将证明教师是不是一个傻瓜，是不是一个虚伪者，是不是一个言而无信的假领导。你本无路可退，但你居然后退了。你后退的第一步，就是民主的事业轰然瓦解的时刻。第一个事件就是第一判案，孩子们会自动地以此为例，处理所有后面的事情。

对一个失守的教师而言，之后再要重建秩序将会非常困难，但并非不可能。这时候，他得背水一战，置之死地而后生。所有的孩子都会静静地旁观，他们不相信教师会胜利，但依然渴望教师会胜利，因为这渺茫的胜利，关系着他们今后相当一段岁月的福祉——他们可能没意识到，其实这段岁月已经塑造了他们的人格、性格，决定着他们的一生。

有一种胜利不叫胜利，那就是教师自己摇身一变，成为专制秩序的顶端，让所有的臣民俯首于自己的暴力！二者的区别，就是以墙上的契约为法则，还是以某个人的意志为法则，就是纪律为自由服务，为学习服务，还是为纪律自身服务，甚至为君王的尊严服务！

如果一个教师坚信自己是在捍卫民主的法则，在赠予一间教室以民主的秩序，为此他决不向任何暴烈的、狡诈的试探后退一步，他身上就会有光芒，并因此被学生爱戴。

教室里的积极管理

班主任不应该是“消防队员”的代名词，也不应该是同时戴着“狱卒”和“保姆”两个面具的双重角色。他应该是坚定的领导者，细致的管理者，课程的开发者。没有领导的管理是盲目琐碎的；没有管理的领导是虚张声势的；而没有课程开发的教室是失去主阵地的教室，是把教育沦丧为“治人”（而不是培育人使之成长）的教室。

我看到许多班主任经常性地处于消极防御中——他总是每天忙着缝补丁（不知年轻的班主任还能不能理解“补丁”这个词的意思），而不是去缝制一件完整华美的新衣；他总是在各种麻烦事发生后，陷于对那些层出不穷的事务的处理中。在那样的处境中，出于教育良知，他还会告诫自己仍然要爱学生（虽然他自己已经疲惫不堪），他会对自己说，因为我的爱不够，所以学生问题才这么多。——我曾经不无偏激地说过，陷于这样的思维中，连教师本身似乎也成了“问题制造专家”。

而在另一种积极管理中，问题往往会消弭于无形——或者说，问题根本就没有发生。因为教育教学中最重要的是积极管理，是把大家的目光引向“花朵”而不是“狗屎”。

积极管理同时具有两层意思：一是班级规则体系的积极建立与维护（包括班级愿景、道德人格课程、班级公约）；二是引导大家把注意力放在积极的方面（即学习本身），而不是错误和消极的方面（即问题本身）。前者针对那些没有明确的使命、愿景、价值观和管理细则的班级管理者；

后者针对那些总是把目光放在问题上而不是学习上，总是放在“问题学生”而不是卓越学习上的班级管理者。

学做一个积极的管理者，可以向雷夫的教室学习——“雷夫+克拉克”，也就是“自律道德系统+他律契约系统”。这是第一个层面，核心就是人格道德教育系统（包括班规契约等）。而第二个层面，就是像雷夫那样，开发知识与艺术课程，挖掘与发挥伟大事物的魅力，把所有学生紧紧地凝聚到学习本身中来——我们在雷夫的教室，在克拉克的教室，在基丁的教室，在马修老师为放牛班的孩子们所组建的一个都不少的音乐合唱队中，可以窥见这种管理的神奇。是的，在那样的教室里，问题不再成为焦点，成为焦点的永远是师生们在共同穿越的课程，是伟大事物的魅力。

班级就像一个人的身体，它的健康首先取决于自身的免疫系统。许多时候，我们要做的，不是治疗无穷无尽的疾病，而是首先致力于提高它的免疫系统。拥有一个强健的体魄加上强大的免疫系统，我们就能拥有一个有生命活力的教室。甚至可以说，如果把目光聚焦在疾病上，那么它真的会产生层出不穷的疾病；但如果把目光聚焦在健康上，聚焦在创造上，那么生命的质量就会完全不同。

在一个积极管理下的优秀教室里，仍然会出现偶发的、特殊的、不能自动免疫的教育问题。但是，积极管理者不会把精力陷于这样的问题上，而是会采取诊疗的方式，进行个案处理。

这时候，我们才进入了另外一个议题：个体学生问题的理解与诊疗。但这个议题的前提必须是：这个问题并非消极管理或者管理不力所诱发的产物，而是积极管理所不能自动免疫的那类问题。只有在这时，问题才能与班级整体管理分离开来，成为需要处理的特殊个案。

这类问题的理解与解决我们以后再谈，基本的原则是：全面调查与透视+现象学描述与理解+漫长的叙事“治疗”。

切记：首先成为积极管理者，让所谓的问题消弭于无形之中；而不要让自己陷于层出不穷的琐碎问题中，成为“问题制造专家”。

良性教育学循环

原题《苏霍姆林斯基的教育学循环》，写于2008年，而文章思想则形成于2004年左右。它一直是新教育研究中心、网络师范学院、南明教育的核心理念之一。

但是，如果不是全校一心，这个理念就会落空。它必须不折不扣地成为一所学校里所有教师的“职业良心”。

一

任何一个伟大的心灵，他的思想总是带有“全息”性质的。即他的视野几乎会触及人类灵魂的所有角落，他几乎思考过所有人类智力领域的重大问题。也因此，每一个阅读者往往能够很容易地发现自己原本就感兴趣的一些东西。于是，有人在苏霍姆林斯基的教育著作中，读到了“爱心”，有人则读到了“童心”，还有人读到了“课外阅读至高无上的重要性”……当然还可能是“爱母亲”“爱社会主义祖国”“集体教育”等。

也就是说，我们总是在那些大教育家的著作中，发现我们思想中原来就有的一种倾向，并通过这种阅读强化了我们自己这种思想的倾向性。简而言之，我们总是能够，甚至往往只能够读到我们能够读到的。这就是所谓仁者见仁，智者见智——如果没有对话，仁者将难以见到智，智者将难以见到仁。人的“前有”和“前见”，既帮助我们发现一些东西，也在无形之中过滤了另外一些东西。有时候，可能过滤掉的那些东西，恰恰对原作者来说，是更为根本的。

研读苏霍姆林斯基，我们首先要认识到他作为一个教育实践家的全面性，即在苏氏那里，教育实践是居于第一位的，而教育实践并不是某种思想理论的落实，而是一件与生命同样复杂的事物。在这里，理论总是灰色的，而教育实践的生命之树常青。也就是说，几乎没有一种理论可以阐明教育的所有事实。而理论与思想，总是实践过程中的有机成分，对教育实践家而言，并不存在高于事实本身的理论。

但另外一方面，我们也必须承认，总有一些因素，是居于苏氏教育的核心的——我说的是核心，而不是上位。核心是居于事物内部的直接起决定作用的，上位是居于事物外部的或带有前提性质的。譬如我们可以说，爱社会主义祖国（苏联）对当时的苏氏来说，就是一个外部的上位概念，属于他不可探讨的前提领域，属于他教育政治思想的前提性事实，但是我们可以说，决定他教育思想与实践的卓越却并不是这个概念。我们同样可以说，教师的“爱心”虽然是一个绝不可少的前提，但是同样并不是他卓越教育思想的核心。因为这一因素既不能把他的创造性同其他人的思想区分开来，也不能必然地把所有具有遵循热爱学生原则的教师，带到卓越的教育境界。

在承认理解永远是一种“偏见”（即带有见仁见智的局限）的同时，我们还得承认，偏见是我们走向真理的唯一道路——如果我们能够把自己放进一个对话的场中的话。

所以，我们也愿意把自己的想法提出来，作为一种意识到前面的各种道路未能抵达苏氏教育思想深处之后的新的探索，以供对话与批评，以谋求一种对苏氏教育思想更为本真的理解。

二

依据我们的理解，我们把居于苏氏教育思想核心的因素，命名为“苏霍姆林斯基的教育学循环”。这个名称是苏氏不曾用过的，但是我们认为，要恰当地提炼出苏氏教育的精髓，这一命名将是有价值的。当然，这一命名意欲指明的教育思想，在苏氏的作品中随处可见，且往往处于论述的中心，成为教育问题的“最后解决者”。这里选录了几个重要的处于文章论述中心的语段，我们正是把这些语段中蕴含着的教育思想（规律与原则），称之为“苏霍姆林斯基的教育学循环”——

培养全面发展的个性的技巧和艺术就在于：教师确实要善于在每一个学生面前，甚至是最平庸的、在智力发展上最有困难的学生面前，为他打开精神发展的领域，使他能在这个领域里达到顶点，显示自己，宣告大写的“我”的存在，从人的自尊感的泉源中吸取力量，感到自己并不低人一等，而是一个精神丰富的人。……如果一个人不能宣告自己的存在，不能在人类心灵的某一个领域里成为主宰者，不能在活动中和成就中（这一点尤为重要）确立自己的地位，如果他没有感到自己作为一个创造者的自尊感，如果他不能自豪地抬起头来走路，那么，所谓个性就是不可思议的。（《给教师的建议》第 81 条）

如果你所追求的只是那种表面的、显而易见的刺激，以引起学生对学习和上课的兴趣，那你就永远不能培养起学生对脑力劳动的真正的热爱。你应当努力使学生自己去发现兴趣的源泉，让他们在这个发现过程中体验到自己的劳动和成就，——这件事本身就是兴趣的最重要的源泉之一。离开了脑力劳动，就既谈不上学生的兴趣，也谈不上他们的注意力。……这件事鼓舞了孩子们，他们的思想变得非常好奇和活跃。他们体验到一种无可比拟的人类的自豪感：我们是事实和现象的驾驭者，在我们的手里，知识变成了力量。感到知识是一种使人变得崇高起来的力量,——这是比任何东西都更强有力的一种激发求知兴趣的刺激物。可见,不要使掌握知识的过程让学生感到厌烦,不要把他引入一种疲劳和对一切都漠不关心的状态,而要使他的整个身心都充满欢乐,这一点是何等重要!当然,如果学生亲自去研究和发现了某种东西,亲自去把握具体的事实和现象,那么这种驾驭知识的情感就会更加强烈。此外,还有一种纯粹思考(运用智慧进行概括、系统化的活动)带给学生的欢乐。(《给教师的建议》第21条)

我们学校里有这样一条规矩:关于每一个对知识无动于衷、漠不关心的学生,我们都要在心理学研究会的会议上进行讨论。我们在思考,怎样才能找到人与自然界、人与知识相互作用的那个领域,以便在这个领域里用认识来鼓舞起他的精神。这里最主要的是,要使一个人终于有一天发现自己是知识的主宰者,使他体验到一种驾驭真理和规律性的心情。用认识来鼓舞起人的精神,——这就是说,要使思想跟人的自尊感融合起来。通向这样一种精神状态的途径,就是知识要有现实性和积极性。我们认为,要唤醒那种无动于衷的学生,把他从智力的惰性状态中挽救出来,就是要使这个学生在某一件事情上把自己的知识显示出来,在智力活动中表现出自己和自己的人格。(《给教师的建议》第22条)

教学和教育的技巧和艺术就在于,要使每一个儿童的力量和可能性发挥出来,使他享受到脑力劳动中的成功的乐趣。……在这种做法下,所有的学生都在前进——有的人快一点,另一些人慢一些。儿童完成作业而得到评分时,从评分中看见了自己的劳动和努力,学习给他带来了精神上的满足和有所发现的欢乐。在这种情况下,教师和学生的相互关心与相互信任相结合。学生就不会把教师单纯地看成严厉的监督者,也不会把评分当成一种棍棒。他可以坦率地对教师说:某某地方我没有做好,某某地方我不会做。他的良心是纯洁的,他不可能去抄袭别人的作业或者考试时搞夹带。他想树立起自己的尊严。在学习中取得成就,——这一点,形象地说,乃是通往儿童心灵中点燃着“想成为一个好人”的火花的那个角落的一条蹊径。教师要爱护这条蹊径和这点火花。(《给教师的建议》第1条)

三

在上述的所有引文中，我们都可以看到一种相似的结构——事实上，这一相似的结构几乎出现在苏氏的所有优秀的教育文章中。我们可以把这个结构梳理为：

生命在劳动/学习过程中克服困难、获取成功，进而获得高度的自我感受（自信自尊），以及责任感与意志力，并渴望再度通过学习、通过克服劳动/学习中的困难而获得幸福的动机。

就是说：没有从精神生活和智力活动中克服困难、获得成就，就不可能拥有一个人的自尊、自信和对劳动/学习的渴望；没有一个人的自尊、自信和对劳动/学习的渴望，就不可能从精神生活和智力活动中克服困难、获得成就。

这是一个教育学的循环，因为我们认为它是苏霍姆林斯基教育思想的基础（虽然他本人没有清晰提出这一循环），所以我们命名为“苏霍姆林斯基的教育学循环”。而这个命名显然仿效了一个非常著名的解释学循环：不理解部分将无法理解整体，而不理解整体也无法理解部分。这个由帕斯卡提出的解释循环，经施莱尔马赫的提倡，对狄尔泰、海德格尔、伽达默尔、埃德加·莫兰等著名的哲学家都有着深远的影响。

这一教育学循环也可以用图表示为：

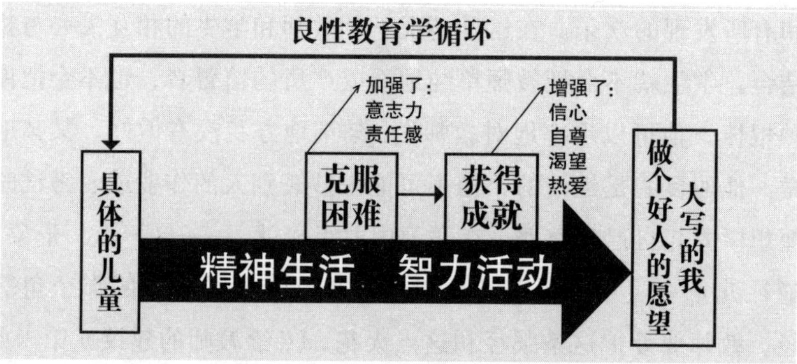

从这一循环中，我们可以得到许多教育的规律与金律：

任何人对当前具体的学习 / 劳动的兴趣（渴望或厌恶程度），总是以前学习 / 劳动的结果。一个具体的儿童面对具体的学习 / 劳动，总是带着特定的历史经验进入的；而这次旅程，又将成为后面学习的渴望或厌恶的因素。

儿童获得学习 / 劳动成就的途径，既应该是多元的，又是有所规定的。这里的多元，指的是应该创造丰富多彩的学校精神生活，让每一个儿童从中获得成功的机会；这里的规定，指的是每个孩子都无法回避主要学科的学习，而且也不能借其他领域的成功来替代这些重要领域中的失败。

在学习成长的过程中，核心因素是儿童内在的尊严感（也可以称为道德感），责任心、意志力、动机都源于这种生命内在的感受。我们可以相信，一个儿童如果能够在某些正当领域中获得成就，赢得存在的尊严，那么他纵然无法在所有领域都获得同样的成就，也一定不会允许自己在主要领域出现恶劣的情况。为了保持自己的自尊，他既会在自己擅长的领域继续保持领先，又要在共同体认为主要的领域中克服困难，不至于成为笑柄。

成就感，也就是幸福感和尊严感，是和所克服的困难的难度成正比的。也就是说，没有困难的学习 / 劳动，将不能产生真正的幸福感和尊严感。也因此，娱乐性的领域，虽然为生命的整体感提供了营养，但不能为这一核心——尊严——提供滋养。

但是，前面所指的是“自己所克服的困难”，与之相反，如果困难过大，学习 / 劳动者最终没能克服，而成为一次失败（能够再度冲刺加以克服的困难将依据此定义不能叫作失败，而只能视为多次挑战而克服的重大困难），那么失败将产生负面的效应——带来挫败、沮丧、畏惧的感受。

每个人承受失败的能力是不一样的，除了无所谓的麻木，一个人之前在同一领域的成功越多、越大，能承受失败的能力就越大。能承受失败，我们定义为“愿意在此领域再次挑战”，而不是无所谓，或者转身在另外领域去获得成就感以弥补这里的失落感。

意志力、责任感，正是克服困难的副产品；而自尊感、信心、渴望与热爱，则是获得成就的副产品。

当一个孩子在成功地穿越学习/劳动的过程之后，他的意志力与责任感，以及自尊感、自信心，对学习/劳动的渴望与热爱，都将随之增强。如果这种正面学习占据着他学习生涯的主导的话，那么我们将在不久之后得到一个大写的人，一个有着“想做个好人”“想成为一个卓越者”这一美好愿望的人。

而这一愿望，就是内在道德感的核心与动力。也就是说，对自己生命的肯定，是爱他人、爱知识、爱世界的出发点。自暴自弃者，是谈不上对他人和知识的热爱的。

……

四

如果不引入社会和共同体的要求，不引入其他人的利益和评价，那么上面的循环容易被误解为一个内在封闭的系统。所以除消遣性和娱乐性的活动因缺乏真正的内在困难可以排除在外，我们还要考虑社会要求和他人评价在这个过程中的决定作用。只有将社会的尺度（包括知识的对错和道德的是非，以及他人的评价）用于学习/劳动的内容及其过程中，我们才能更好地理解一个人的成就感、责任感究竟来自何处。

也就是说，与社会要求相违背的学习/劳动，纵然获得了成功，获得了快感，而且可能这个成功也需要经历克服困难的过程，但经历者往往不得不同时带有一种负疚感。所以他的人格就会处于一种既乐之又厌之的矛盾中，为了人格的统一，他或者会舍弃“错误的抉择”而归属到社会要求的活动中，或者会走向反社会，以自己的快乐标准成为唯一的尺度。当然，更多的人总是处于一种微妙的两难中，在两个方面都做出一些妥协。

对教师而言，如苏氏所论，应该强调的是社会的需要不凌驾于个体的需要之上，因为强迫之下将不存在真正的责任感；但从受教育者的内部来看，苏氏也同样一再强调应该把自己的需要服从于社会的需要。

不考虑政治和哲学的不同立场，仅从心理学和教育学的角度，在默认社会主流价值的前提下，我们的教育确实是让学生通过学习/劳动，把一种合宜的价值内化为自己的价值。

因此，也许我们今天将不再能够接受苏氏所认同的那套苏联的价值标准，但有一个原则我们仍然在遵循着：我们是在把我们自己所体认的正确的价值，让学生通过学习/劳动内化为他们自己的价值，并力求在此过程中不外在地说教、不强行地压迫。

另外，还有一对非常重要的矛盾——也许是更为严重的矛盾，这就是在智力活动中，统一的外在标准（标准答案）与学生个体能力的矛盾。

在苏氏的著作中多次谈到学习评价的问题，他甚至认为教师的评价（打分）是上述循环步向良性还是恶性的第一推动力。而苏氏对于学习困难生基于上述循环的科学做法，国内许多老师则简单理解为是"对学生的爱"，这真可谓是买椟还珠的又一例。

也就是说，基于上述教育学循环，既然所有学生都必须在智力活动中获得成就，因为在这一领域能否获得成就感，将决定着他是否热爱这一领域（具体的某门学科），决定着他对自己的智力和道德上的期许，决定着他进入的将是一个良性循环还是恶性循环，那么老师何种做法是科学的，而相反的做法将首先是不科学进而是不人道的，这几乎就成了一条教育上的高压线。也就是说，在这里首先不是爱与不爱，而是有没有遵循一条在苏氏看来是绝对的规律与原则。

我们可以把教师在促进学生步入良性的教育学循环中能做的事归为三类：

一是开辟丰富多彩的精神生活，让不同孩子在不同领域获得成就；

二是在所有孩子必须穿越的重要的精神领域，即智力生活中，采取各种措施让学生能够自己去克服困难（这一点将在下文阐释）；

三是采取一种成长性的评价，即肯定学生的探索过程，在学生不会学习时不进行粗暴地打分，而是设法让他通过学习、掌握知识之后再进行评价。同时，在评价中区分对具体知识正误的评价和人格的评价，即在指出学生学习过程中知识的错误时，仍然肯定其人格，即他是在探索，在学习，在努力地克服困难。一句话，通过区分知识与人格，通过在他完成探索后再进行正式的正面评价的方式，即从成长的角度而不是欠缺的角度来进行评价，让每一个孩子都在智力活动中能够感受到成功的喜悦。

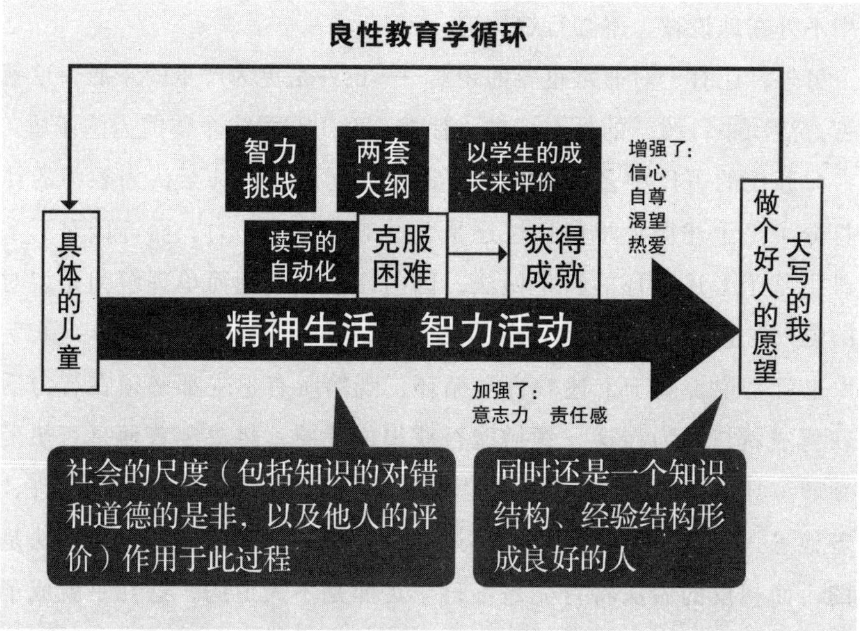

这最后一点在教师面对学困生问题的时候尤其重要。只要想到自己的粗暴评价虽然在眼前是公正与合理的，而且又省力方便，但事实上却是在为自己的教育成功设置绊脚石，自己粗暴评价所必然导致的事实将

与自己的初衷背道而驰，我们就可以知道一个教师若真正理解了这一教育学循环，必将不屈服于任何条件、任何环境的借口。

五

也就是说，在我们归纳的“苏霍姆林斯基的教育学循环”背后，潜藏着另一个循环，一个非此即彼的恶性循环：

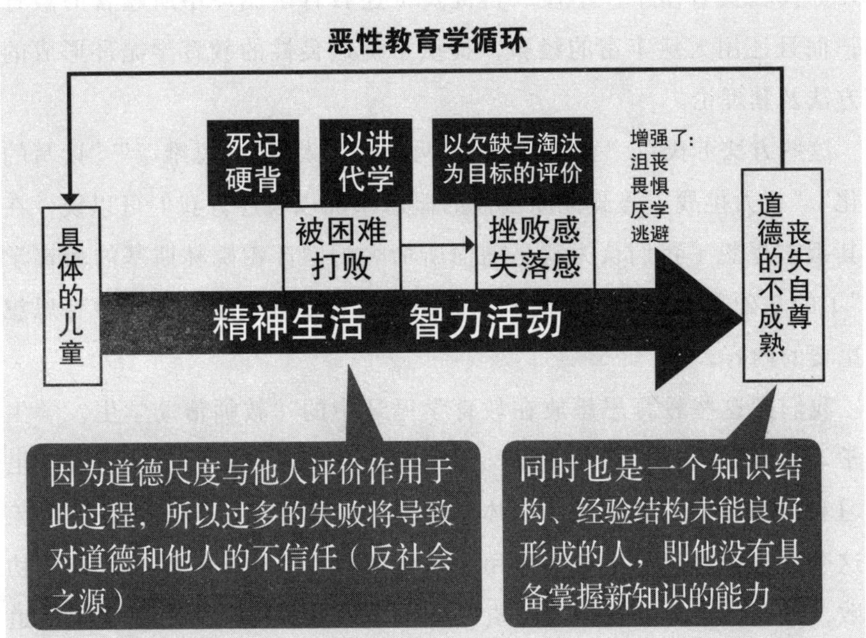

我们可以依据苏氏的教育学著作，梳理出导致这个恶性循环的若干条原由，还可以依据自己的教育理解，来扩充导致这一坏循环形成的各种因素。

上面我们已经涉及几条：

以死板的统一标准要求每一个学生（而不是丰富多元的精神生活）；

以外在的社会需要强迫学生（而不是让他在经历中体认社会价值）；

粗暴的评分让他对学习产生厌恶、畏惧之心；

另外在苏氏的作品中还提到了教师代替学生学习所带来的恶果，而他强调得最多的，则是死记硬背的危害。

这一工作有待大家补充，这里暂不展开。

六

苏氏在其著作中，不仅一再提及上述教育学循环中所蕴含的教育原则，而且还用大量丰富的经验，提供了促进良性的教育学循环形成的教育方法及其理论。

这些方法苏氏以“智力背景”“两套教学大纲”“思维课”“读写的自动化”“智力挑战”等其他原创性的概念来加以表述。我们可以说，在理解其根本思想（我们认为就是前面所命名的“苏霍姆林斯基的教育学循环”）的基础上，对这些苏氏概念的领会，将是我们学习苏氏教育思想的最重要的内容。

我们把这些教育思想放在教育学循环中的“教师帮助学生，学生穿越学习、克服困难、获得成就”这一关键点上来理解。也就是说，虽然学习和道德发展最终是一个个体学生内在经历的事，但是教育者的工作在这个过程中将起着主导的作用，是他的教育方法，把学生带向成功或失败，进而带向自尊或沮丧、责任感或不负责任的麻木、道德感或道德不成熟这些不同的方向。

穿越的，是学生自己；引导学生走向何处的，则是教师。

写下明亮诗篇的第一行

每一个新的学年，新的学期，都是孩子们人生中无可替代的一段岁月。这段岁月将是明亮的诗篇，抑或沉闷的文章，首先取决于老师写下的第一行文字。

一个生命的成长，就像是一棵橡树矗立在四季中，每一场风雨，每一缕阳光，最终都会以年轮的方式，铭刻在他的记忆里。而现在，这把岁月的刻刀，就掌握在您——一位老师的手上。

在孩子生命的最初，他的一举一动对于父母都是一种仪式。他的第一次啼哭，第一次微笑，第一次翻身，第一次坐立，第一声“妈妈爸爸”的呼唤，颤颤迈出的第一步……这些仪式啊，唤醒了父母内心深处的爱与责任，那一刻，也就成为父母和孩子彼此最幸福的时刻。而父母的每一个微笑，每一份关切的目光，每一次叮咛，也成为孩子记忆最初的营养，他的婴孩时期，就是按这些来塑造的。

现在，孩子一天天长大，变化的不仅是那个小小的身体，还有身体里一个小小的灵魂。现在他要上学了，他开始换牙了，他的世界开始向更深远处延伸了……而作为老师的我们，则将替代他的父母，成为他人生之旅最为重要的引路人。我们该如何指引他迈好每一步？如何在他的人生旅途中不断给他们以虔诚的仪式，以小小的庆典，确保他能拥有幸福、快乐的童年？

9 月 1 日，对于中国的家长、孩子和老师来说，其实早已经成了一种仪式。它意味着新学期的开始，意味着在金色的秋天，我们将埋下一颗饱满的成熟的种子，并给它以期待，相信在岁月的沉淀中能开放出巨型花的奇迹。

但是许多老师会说这一天实在太忙太忙了，于是就像在应付日常生活中的琐事一样对待这个日子，而忘了它本该是我们生命中一个最最重要的仪式了。为了每一个教室里那几十双明亮的眼睛，新教育“毛虫与蝴蝶——儿童阶梯阅读”项目组向所有的老师建议：

让您和孩子们、家长们一起重新拥有这朴素而热烈的仪式；

让9月1日这一天对于您和孩子们、家长们都非同寻常；

选择一首别有意义的童诗，让它开启新的学习旅程的第一个黎明；

选择一个别有意义的故事，让它为孩子们带来对未来生活的满心期待；

选择一个别有意义的绘本，让故事与图画为孩子们展示另一个世界的神奇；

选择一本别有意义的童书，让老师和孩子怀揣着梦想一起启程；

同时，您要从这一天开始，在一年的时间里，隆重地对待每一个孩子的生日。并将每一个开始，每一个结束，每一次憧憬，每一次胜利与失败，精心地打造成一个个隽永的仪式，让它们换来一次次真正的心跳与微笑……

每一个开始都是永恒的，每一个9月1日都是永恒的。让我们一起，用激情点燃创造之火，写下我们明亮诗篇的第一行吧！

而我们也将与您同行，这里我们提供给您一些建议，供您参考。

首先，我们建议您，为新的学期开一个新的班级专帖，为它取一个亮丽隽永的名字，让你们拥有一个美妙的开始。您瞧，这位新教育小学的实验教师，当她还在教三年级的时候，她把班级称为“三（3）班的好小子”，而现在，当她与学生们的关系亲密到十分信任的时候，她为班级专帖取的名字是“五（3）班的坏小子”。而在成都带孩子们做了几年“永远讲不完的故事”的陈美丽老师，现在为她刚带的班级取名为“向着明亮那方”。

其次，家长永远是学校教育最坚强的后盾和最坚定的主力军。如何在新学期就和家长做好沟通，共同构筑家校同盟，为孩子的成长营造一个温暖、宽容、开放的成长环境？我们建议老师们用书信与家长和孩子交流。有位新来的老师，她给孩子们写下了这样一封信——《念着你们的名字》；对于一年级这个特殊年级的老师来说，这封信可能对您有所启发——《请跟我来》……

最后，在新学期，建议老师们精心挑选诗歌、绘本以及故事来开启学生的学习，让这些美好的故事与画面为孩子们带来另一个世界的神奇，带来对自我的寻找与追问。推荐的书目有:《肚子好饿的毛毛虫》《小种子》《特别的女生萨哈拉》《夏洛的网》等。

当然，还有您精彩的第一堂课。我们相信，在第一堂课上，您一定会让知识本身焕发出熠熠的光辉，点亮教室里每一双对世界充满着好奇的眼睛。

当然，我们所提供的这些还都只是建议，教育是让人迷恋的学问，最美的最精彩的诗篇还来自您和孩子们一起共同的生活与创造。祝愿每一位老师、每一个孩子、每一位家长新学期快乐。

从孙猴子到孔夫子
——清华附小主题课程十二年微见证

2019年10月9日，满满一天，在清华附小教研：投入满满，收获满满。

投入的是一个人的一天，收获的是一所学校的十二年：十二年一以贯之，每年学校以一个活生生的人物和与之相关的一本书为主题，整合所有学科课程和学校活动，把它做成师生乃至家校共同的语言和密码，做成学生研究性学习的台阶，和人文熏陶之源泉……

今天听课教研。前一天晚上，我已很荣幸地和体育老师交流“六艺”中的“御”和“射”，讨论周朝贵族必修的军事素养；和美术老师交流商周服饰，讨论左衽与右衽，宽袖与窄袖，恶紫之夺朱；和数学老师交流秦始皇统一度量衡之前，石、斗、升、斛可能意味着什么，讨论周朝封建制里的官员职责以及俸禄方式，与秦汉郡县制下薪水制度的不同……

今天是正式教研日。听到了英语学科里的Confucius，学生用英语学习孔子的生平梗概，不是为了通过英语来理解，而是为了向着世界去传达；听到了语文学科研究孔门弟子，他们各以什么样的才华，被后世尊为十哲；听到了语文教材教学里，从孔子到朱熹，再到曾国藩对学习和读书的探讨，延续到每个人自己的身上……

谁都会据此判断：这是一所真读书的学校。

当五、六年级学生娴熟引证《论语》，就可以知道至少《论语》这本书，或者至少《孔门十弟子》这本书，学生是认真读了，真的懂了——而能读懂这些书，那又需要曾经扎扎实实地读过多少书呢？

我不知道这是我第几次来清华园，来清华附小，但我清楚地记得：2007年，我应窦桂梅校长邀请，和老师们讨论《西游记》的整本书共读设计，悟空和三藏，究竟谁更伟大些？灵山究竟在西边还是心里？为什么取经要去西天，而且不能用神通一步到达？为什么九九八十一难，一难都不能少？

时隔十二年，一年一本书，一年一个闪亮人物——一个源自语文课本，却能链接到广阔世界的重要人物。从2007年的孙猴子，到2019年的孔夫子，清华附小的师生们究竟投入了多少心血？究竟穿越了怎样的旅程？以及，在孩子们青春懵懂的心里，究竟点亮过什么？烙印下什么？

这都不是我所能够猜度的，我不过是走马观花的过客。

我只能看到校园里、教室里，甚至无数角落里，都精心设置成年度人物和年度高段共读书籍的展示处。今年，几乎每一根廊柱都有《论语》的警句，每一堵墙都有孔子言行的记录。

有些事情，是所有学校都可以做到的，比如请人把一所学校装扮成水帘洞或者稷下学宫。那么多或稚嫩、或有所缺漏的手写本、手绘本，才是最最可贵的，也才是课程的真实见证。

难在如此投入，如此奢侈，用整整一年时光，去阅读一本书，去走近一个人。

难在居然已经坚持了整整十二年，每年就这样从容安定地向前走着。十二年，这三个字，至少对我分量很重！

而这些显然都还只是最表层的现象，走进课堂，学生呈现出来的卓越心智，教师呈现出来的“自强不息，厚德载物”（清华校训），才是全国那么多学校难以仿效、难以企及的“高处不胜寒”。而这些，可能已经是学校的文化，已经源于课程领导力等更深远的背后事物，不是我几次游历，就能够用肉眼窥见的。

我比一般参观者能够看到更多的，就是课程推进过程中的曲折与攀登。在今日中国，做研究性学习依然困难重重，而最大的困难就是学生的学习速度必然远远超过同步启动研究的教师，假若师生一起阅读，一起研究，半年下来，很可能教师来不及更新的旧见解，不知不觉就成了阻碍学生继续上升的天花板。

即便是清华附小，也曾经同样面临这样的窘境。但几轮课程之后，教师们就开始逐一崛起，至少，现在已经不会再成为学生视野的屏风墙！只不过事实上这一步走得并不轻松，而且还得坚持不懈继续走下去。

改革到了深水区，没有事情是容易的，走在前面的，很有可能是暴露错误最多的那一个。问题的关键是：你有没有打开自己的勇气，有没有持之以恒地内部切磋琢磨，外部同气相求？凡持续前行者，答案必然只有一个，成功并无偶然。

10月9日这一天，一直从早上八点到晚上八点多，我们都在教研——一刻未息，连打开微信多看一眼的空暇也没有。这个“我们”，包括窦桂梅校长，清华附小的老师们，和应邀前来参与教研的各路大能：北京大学附属中学特级语文教师程翔老师，在李玉龙之前执掌《教师之友》的教育学者李茂老师，来自台湾的数学教育研究者王圣昌老师……他们精彩的点评，我听着便是十二分地享受。

没有居高临下的刻薄批评，也没有大多数学校常常见到的索然无味的“一团和气”。直抒胸臆，刀刀入肉，有批评更有建设，这是教研之为教研的生命力，今天我在清华园里又看到了。当然，这么多高人聚在一起，恐怕想不精彩也很难吧——即使是我，也忍不住羡慕嫉妒，只不过没有恨，只有敬畏和亲近而已。

“最好的课堂，必然首先是打破学生已有的理解，让学习发生，让研究发生，让知识从过程中涌现。”

“最好的教研，必然首先是打破教师已有的固定理解，哪怕它看起来很完美；然后，让研究持续发生！”

这是整整一天里，萦绕在我心头的两句话。此刻用一篇小文记录下来，萦绕，也就成了刻写，成了纪念！

何谓领导力

小到一间教室、一所千人学校，大到一个十万人的公司、一个国家，把它们维系起来，甚至促使其不断进化的，至少有三种力量：生产力、科学、领导力。

最基础的就是生产力，也就是经济能力。而科学，因为是提升效率、节省成本的主要手段，所以附着于这个广义的经济、生产。

对一间教室、一所学校而言，学习、学业成就，就是它的生产和经济。教研，就是改进、提升教育教学品质最直接的手段——通过奖励手段敦促教师个体致力于自己研究提升，逻辑上并没有不变：改进教育品质的依然是研究，而不是奖励，但它们都作用在一个人身上，会产生连锁反应。

但问题在于：即使认识到改进教育教研的唯一手段是教科研，依然不能确保大家会主动投入教科研，因为作为一项科研实验，它并不能确保100%成功，很可能个体投入了精力、体力，根本得不到成果！尤其是学校形式主义的教科研，根本就是大投入、无产出的典型，谁还愿意不计成本地去搞教科研？除非，当事人意识到，尤其是领导者意识到：我们首先是为提升教师的价值而在寻找着“真理”，一切本就是为了他们，而不是利用他们去实现所谓的“高效”以及“低成本”。

但是，即使是著名的专家型领导，在利用教科研提升教师、提升教育教学品质上，也是缓慢的，遥远的；甚至，经常是看起来美丽而已。课程领导力，也就是通过教科研提升学校，是一件最根本又最遥远的事情，它不能不做，最终必须依靠它来解决一切问题，但它独独最不能解决眼前的紧迫问题。

一个组织——让我们琢磨一下组织这个概念，它当然是隐喻，但从字源上来说，一个主体就像一块布，是由经线和纬线通过某种方式组合在一起的。没有这种组织机制，事物就只是一堆线；通过这一组织机制，一堆线就成了一块布。这是汉字字源所揭示的隐喻，而一切我们用“组织”这个词语所指出的事物，它们又相互喻指，彼此解释：有机体、机构、队伍、布料……

把一群人联合在一起的是什么？我这里意指的不是联合的肇始，而是日常联合的事实：把信仰不同、语言不同、趣味不同的人，理解为一个“组织”，或者，理解为一个“机构”，后者无非是从木匠或铁匠所创造的器具中对同一个对象，用比喻来进行解释而已。这就是孔子念念叨叨的“礼崩乐坏”中的“礼”——相当于今天法律、道德、规则、契约、习俗的总和。

教师惩戒权，就是一个具体的规则的公共讨论：废黜、建立、修正、进化、强化……当然，一口否定它存在合理性的革命家，也是在用极端的方式参与它的演化。

一个国家靠这一系统维系，一个学校同样靠一系列的潜规则和明规则维系。没有规矩不成方圆，希腊城邦、波斯古国、法国大革命之前与之后的法国、清王朝、民国……无不在推翻与建立规则中。难道在那些最讨厌规则的班主任那里就没有规则了吗？不，越是那样，无非就是越把君主制当成了最优制度，而且认为自己是贤明君主。

法律与礼制是必然存在也必须存在的，但任何一个机构，最怕的就是繁文缛节。一个机构成熟的标志就是制度覆盖到了所有领域，但它的代价就是生机在太多条款中被窒息。

那么，热衷管理的学校领导、班主任，与疏于管理的，虽然表面相似，结果却一样南辕北辙。无非前者走向了表面团结严谨、实际铁板一块，后者走向了看似生气勃勃、实际一盘散沙。

我以为良好管理的本质，一是永远不随意增加条款，只保留最典型案例。二是对任何违反条款的现象进行惩处，让它付出的代价高过所得——因为它还必须偿还“管理费”。如果还需要有第三条，那就是规则要宽，执行要严——严不是逾越条款，而是决不姑息。

但总是陷在“惩戒”中的领导，其实已经败得一塌糊涂了。或者说，依靠管理，根本不可能创造和进化一个组织、一个团队、一个机构。组织进化靠的是“科学研究”，组织维系靠的是以简化和进化规则为核心的管理，而组织的创生和复兴，靠的则是领导力——唯一真正的领导力只能是文化、使命、愿景、价值观的领导力，这些才是“领导”这个词语的本质。

科研可以外放和外聘，邀请专家们替自己完成。管理可以依靠内部机构，也就是建立“三公”“六部”，或者说委任并赋权中层领导，其实应该称专业管理人员。唯领导一事，非领导自身完成不可——无论谁代替，都是一场机构的灾难！

何谓领导？

无非就是告诉大家往哪里走，那里会有些什么值得今天付出的珍贵事物。告诉员工年终有奖金的是领导，告诉追随者十万八千里之外的灵山有真理的是领导，告诉大家日复一日的训练将带来一个怎样的结果使得所有人愿意坚持日复一日训练的，也是领导……

领导，是使命、愿景、价值观的倡导者与践行者，是对一切体现了使命、愿景、价值观的人与事毫不吝啬表扬表彰的那个人，是对一切破坏着团队及其规则暗中提防和反击的那个人。

领导，是对最终的失败说“这是我的责任”，是对每一个成功说“感谢大家的贡献”的那个人，也是对每一个危害时刻警惕着，但决不随意开口的隐忍者。

第三辑

成长的节律

电影电视·电子游戏·智能手机

1. 电影电视

关于电视文化对人类的危害，尼尔·波兹曼早就有过精辟的论述。他的《娱乐至死》和《童年的消逝》等书，正是当年我谨慎地提出“保卫童年”的理论依据之一，同样重要的依据来自中国道家的思想，并观察和参考了华德福教育的实践。

人们认为电视对人的危害主要体现在：

1. 它把人固定在座位上，用观看替代了体验——这是电视劣于原始文化的地方；

2. 看电视不需要阅读和聆听时的想象力，电视用最简易、肤浅的方式，把观众塑造成傻瓜——这是电视劣于阅读传统的地方；

3. 观众成了被动的消费者，不是观众通过遥控器控制着电视，而是电视控制着观众——这是电视和当代的消费文化相结合的典型特征；

4. 思想来自反刍、反思，电视并不支持这样的反思——这是电视与深层人性的冲突。

但还没等到电视成为人类文明的杀手，电视本身就被其他的电子媒介取代了：互联网、多媒体、电子游戏、虚拟现实……

其实从一开始我就并不完全赞同波兹曼们的观点，我认为：

首先，电视只不过是换了一种方式在讲故事，如果说书本和文字讲述故事显得太硬的话，电视的讲述方式确实太软，过于方便大脑消化了。当然最好的故事仍然是长者、父母和同龄人的口述，夏天的月夜下、冬日的炉火边、秋天的篝火旁……都是讲述故事最天然的场所，或者说，人类的进化（包括物种的进化和文化的演进），就是在那样的场景下实现的。

其次，相对于智力背景严重匮乏的幼儿生活，有电视陪伴的童年其实带给孩子许多有益的信息，绝对是利大于弊的。画面和声音就是解释者，故事就是文化和知识的编码者，而且电视也不止于此，宇宙的知识、自然界的信息，都通过电视带到了孩子们跟前。由此，他们知道了什么是沙漠，什么是大海，什么是城市的现代繁华。

最后，正如脑神经科学的研究表明，大脑的健康发育需要信息的洪流，姑且悬置信息本身的优劣，电视至少确实是一个巨大的信息载体，它必然刺激着大脑来理解和消化这些信息。

总而言之，如果说电视是提供信息、讲述故事的有效手段，那么问题的关键就是：

1. 确保信息的品质，也就是说，节目选择权应该掌握在父母和教师的手里；

2. 确保活生生的体验，这是比电视更原初的知识和道德的起源之处；

3. 一般情况下，电视只能提供浪漫丰富的信息，但如果巧妙利用，电视能直接成为精确学习的工具和载体，所以利用它又超越它，乃是学习的必需和成长的必需。

因此，南明教育不像华德福教育，我们十分重视电影之夜，重视多媒体，甚至在审辨性思维和研究性学习中，都充分利用了电影和电视。

2. 电子游戏

如前所言，还没等到人类达成共识，起而限制电视，保卫童年，电视就已经成了过气的“老人家”，被淘汰了，成了互联网的附属设备。而取代电视成为孩子们钟爱对象的，是电子游戏。这是个完全不同于电视的“怪兽”。

怎么理解电子游戏？这是个集亲身体验、英雄故事、电子“海洛因”于一身的怪物，从被创造出来的那一刻开始，它的逻辑和目的就非常清楚：吸引游戏者，留下游戏者，让他们不断地为游戏买单。

如何吸引？答案是：越过现实体验，直接刺激人类进化之初的快感体验。也就是说，让游戏者通过游戏，品尝过去类人猿时代、部落时代形成的冒险、成功所带来的快感。这是人性中最根本的密码之一，人类有这种冒险、挑战的渴望，不是渴望冒险与挑战本身，而是渴望冒险与挑战带来的并不确定的巨大成就，而这个巨大成就直接就表现为高峰体验，也就是极度的快感。

想到了毒品海洛因。人类的大脑能够在特定刺激下产生多巴胺，多巴胺就是你感到幸福、快乐的化学根源。但它是一种生物机制，往往需要你在获得了有利于生命发展的成就后，才会奖赏你——为了获得这种快乐，你就会不断地挑战自我。现在海洛因来了，它不需要你做任何努力，直接就产生了相当于多巴胺的作用——幸福感。而且麻烦的是，有了这种便利的刺激后，原来你通过挑战获得快乐的系统被摧毁了——一句话，除了海洛因，你不再能够让自己快乐了！

电子游戏有与之相近的特质。本来，为了鼓励人类去冒险和挑战，大脑进化出了奖励的机制。现在，电子游戏的研究者直接研究人脑在游戏中的快感，而不再需要现实生活中的冒险和挑战——无论是草原上，劳动中，还是学习场所中的。

任何生活中的冒险，学习上的挑战，其实都有外在的目标，快感只是外在的奖励机制。但在电子游戏中，游戏者没有其他任务，快感就是目的本身。也就是说，没有一种现实生活是针对人类的快感体验而设计的，但电子游戏却是这样设计的。

那些认为课上好了就相当于有了电子游戏吸引力的教师，显然是过于乐观了。因为任何一个课程本身都有自己的目标，不直接为刺激学习者的快感而存在，所以想要通过改进学习程序达到等同电子游戏的吸引力，这是自大的，是注定会失败的——但依然值得这样去追求。

那些认为现实生活丰富了就不会迷恋电子游戏的观念，不仅是过于乐观了，而且是过于天真了——就像说生活快乐了，就不会有人吸毒，吸了毒也不会上瘾一样。也许恰恰相反，生活中的幸福若来得太容易也就不再称得上是幸福了，反而更容易滋生一种虚无，而虚无又会驱使人们去寻找刺激和快乐。

唯一可以抗衡电子游戏的力量，就是现实生活中的成就感，尤其是得到父母、老师、同学肯定和祝福的成就感——这是人进化为人的原初场景，是那种快乐的原始动力。但当前我们学校教育最大的问题就在于它是在杀灭成就感，而不是培植成就感。

即使是南明教育旗下学校，杀灭学生成就感的现象也是很普遍的——因为教师们还没有完成教育理念的彻底更新，大家还下意识地认为用压迫和规训，可以达成更好的教育质量。教师想要让学生喜欢上学习，就必须要挑战学生，但不是杀灭学生的成就感——如果教育的主要手段就是考分和排名，那么杀灭大多数人的成就感就是注定的，是必然的。

南明教育的"全人之美"课程，试图在所有领域"挑战生命潜能""激发成就感"，无论是体育、艺术，还是知识学科，都不仅仅是追求轻松，而是坚持挑战，也就是想借课程去探索人性的深度。在这样的追求里，几乎所有的课程都带有点"疯狂"的特质，究其原因，就是为了创造机会，让学生在学习中体验到挑战和成就。但这并不表示它能够取代电子游戏，仅仅是说，如果"全人之美"课程成功的话，那么我们就可以不依赖电子游戏，而且要限制它也有了足够强大的对抗力量。

对电子游戏的态度，最能表现出一个家庭的教育观念。直接地、完全地拒绝与放任都是"粗陋"的教育观。但要把握好度是相当困难的，尤其是如果不能帮助孩子在现实生活获得成就感，那么孩子接触电子游戏后就会不可避免地深度上瘾。

让电子游戏成为一款可以适当消费的奢侈品，努力让学习本身赋予儿童和少年们探索的成就感，这是我们所企图的。至于利用电子游戏学习编程，理解人性，则是一个更高阶的话题，很值得探索。

3. 智能手机

不同于电视和电子游戏，智能手机是一个含义丰富得多的平台。它是互联网的终端，是人类各种新的生活方式的试验场。

利用智能手机，一个人可以是泡电影、电视的初级消费者，可以是沉溺 QQ 交友、微信自拍的孤独的炫耀者，可以是利用它经商的生产者，可以是一个利用它提升生活质量的时髦现代人，再或者，还可以是利用它学习的学习者。

智能手机就是一部高度缩微、可以随身携带的电脑，除了极端的道家思想拥护者，我们没有理由把它一棍子打死，或者拒之于孩子们的生活和学习之外。但智能手机就像一块过于肥沃的土壤，如果不生长庄稼，就一定会滋长野草。

让孩子们学会使用智能手机，就是学会自我管理。

消极的限制也是必须的，我们对人性，既要充分地信任，也要客观地认识清楚。所谓消极的限制，就是限定时间使用和限定项目使用。对一个自由与纪律兼具的家庭与学校来说，这样的消极限制是不难实现的，而且它带来的积极意义本身就是学生自我管理、自我教育的过程，为提防而剪去这样的自我教育过程，并不是真正的教育。

但更重要的是积极地引导学生利用智能手机，把它当成学习的利器。仅就学习英语而言，当年的复读机加文曲星英文词典，都比不上今天智能手机里的两个应用程序，事实上，单是英文学习的应用程序，就多如牛毛，且各有其优点。

手机百度和手机地图，就是一个需要智慧才能灵活穿梭其间的超级图书馆——当年的亚历山大图书馆，无论是智慧的丰富还是精确，都根本不及今天智能手机的万分之一。

音乐、摄影、写作、交流、评论……几乎你能想到的一切，总有人能想出办法在智能手机上实现。

当然，智能手机上没有针对你孩子的课程安排，无法实现面对面的亲密接触与交流，所以它只能是一种辅助工具，而不能替代学校、教室和书本，不能替代教师和同学。

如何积极地创设课程，把智能手机当成课程展开时最称手的工具，这是我们需要用开放且谨慎的双重态度，去勇敢尝试的。我个人相信，在智慧的南明教育旗下的教室里，它将不是作为灾难而是作为学习利器出场。

4. 小结

对工具，人类一直持双重态度，道家和华德福是一路，儒家和西方科学是另一路。我聆听道家的警告，但还是持后者的态度。若无工具的迭代发展，人类的自由与幸福其实非常虚妄。

汽车也罢，飞机也罢，高铁也罢，游轮也罢，都是我们腿脚的延伸。

手的延伸那就更多了。人类的双手就是为了创造工具而生的，它不是用来爬行，不是用来攀缘，不是用来攻击或者攫取，而是为了制造和利用工具——从石制手斧，到各种器具，到鼠标和手机。

眼的延伸，是显微镜，是X光和超声波，是电子望远镜……

这一切，不能用懒惰二字来简单形容，不能仅仅用为了人类的便利来解释，我相信它同时也是为了探索更浩大宇宙、更细微万物的奥秘。人类的工具之旅，就是人类不断超越自身的冒险之旅。

电子工具，在一定程度上，乃是人类大脑的延伸。它们既不是我们这个时代的诅咒，也不是我们这个时代的福音，而是我们这个时代向着当下和未来伸出的触角。用积极而谨慎的态度对待这个工具，对教育者而言，比恐惧地拒绝和疯狂地拥抱都要适宜得多。

浅谈青少年对电子产品的迷恋

关于青少年对电子产品的迷恋，或者说现在家庭教育所面临的这样一个困境，我想用一个大家都熟悉的词语来形容——礼崩乐坏。也就是说，电子产品、电子屏幕（电子游戏只是其中一部分，还包括网络等），所有这一切，对现有的社会文明而言，都是一个“礼崩乐坏”的征兆。

每一次文化与文明的“礼崩乐坏”不一定都是坏事情，但是每一次“礼崩乐坏”，都会有很多很多的家庭、有很多很多的孩子成为受害者。

哪些家庭会成为受害者？“礼崩乐坏”，就是说原有的生活方式被摧毁了，新的生活方式不能顺利建立，这样的家庭和孩子就会成为受害者。他们会轻而易举地被另外的一些仅仅是刺激性的东西所捕获，而来不及重建自己的生活——这就是“礼崩乐坏”最直观的一个表现。

我们要讨论的这个问题，严格地讲，不只是一个电子产品的问题，而是一种生活方式的问题。那么现在就这个问题的讨论可以分成这样两个问题：一是电子产品如何融入我们的生活方式？二是合宜的生活方式、健康的生活方式是怎样的？

如果一个家庭没有良好的生活方式，那么我们来讨论电子产品的利弊是不能解决问题的，整个路径就错了。所以我不反对父母带孩子一起玩游戏，这当然可以，但最重要的是，父母跟孩子应该做什么？

一般认为亲子陪伴和共同生活在不同的年龄段是不一样的。比如说0～3岁，那就是亲密陪伴；3～6岁，那就是对话、聊天；到5～6岁，那就是讲故事。这样一种生活方式的建立，也就是一个家庭建立起一种稳固可靠的精神共同体。

如今西方的生活方式，都是已经稳定下来的生活方式。在中国的封建社会，以儒家为根基的生活方式也是明确的。但是现代人，尤其是现代中国人，很多人的生活方式是凌乱的。我们缺乏精神追求，物质、利益至上。这意味着什么？我们的生活方式本来就是岌岌可危的！

如今家庭的亲子阅读，是为了让孩子学会读书，带孩子多读几本书，还是把它当作一种必要的生活方式？我们每天与孩子坐在一起，一起来念首诗，一起来读一段文字，选择一个社会问题讨论讨论……在孩子生命的形成阶段，这些是极其重要的。如果没有这一切的话，那么孩子从哪里获取他成长的原型与方向？

孩子的成长是社会生活的复制——一种创造性复制，并在复制的过程中产生变异。如果没有一种基础且可靠的生活方式，它就是支离破碎的，那么孩子如何建构起自我？

只有一个家庭的生活、一所学校的生活、一间教室的生活，它们是稳定可靠的，是坚定的——坚定的很重要，或者粗暴、蛮横、温和的也可以，但都必须是坚定的。

从美学上来说，我不喜欢粗暴，不喜欢蛮横，我最受不了这些，但是我们知道一些宗教文化、儒家文化，在相当长的时间里都是比较粗暴的，而孩子们在其中的成长也是历史上的事实。为什么？

因为他们对真善美是绝对地坚持、绝对地坚信的，他们坚定不移地相信“四书五经”及某些教义中所说的那些东西是真理，也许自己没有完全做到，但那就是真理。他们就是希望让孩子这样去生活，一定要让孩子这样去生活，这样一来，孩子的精神世界就拥有了坚定性，家庭生活就有了坚定性的根源。

而我们现在的家庭生活是没有魂的，是失魂落魄的。为什么？因为整个文明刚好就处于这样一个转型时期的特殊状态之中，而在这种状态之中，电子产品是非常强大的一个——怎么说呢？它只是个工具，它本身是没有灵魂的，它只是刺激着人性，而不规划和安排人性。如果有一天电子产品被我们控制住了，绝对忠诚地为我们服务，为我们的教学服务，为我们的家庭生活服务，为我们的文化重建服务，那我们会发现这些电子产品都是好的。可问题是它们现在是无序的，是没有管理的。

把游戏跟学习做比较，认为游戏也是学习，这样的论调是不对的。书籍和电子产品，知识学习和游戏，它们有本质不同。

很多时候你可以说书籍和知识学习是超人性或者反人性的，也就是说，它们需要你逆水行舟，是你要付出痛苦之后，才有回报，回报的还不是即时的快乐，而是社会的奖励、额外的奖励。然而，电子产品是顺着人的表层需求设计的，每一类产品，其下一代都比前一代更加符合人的表层需求。你要拿书籍和游戏去对比，书籍永远是输，输得体无完肤；你要拿学习跟电子屏幕比，学习一定打败仗。为什么？因为人类发展到今天，把那么多创造性和精力都投入电子产品，投入游戏中去，这些东西对我们人性的适应性，差不多就像是当初的糖。人类在自然中很难获得糖，但现在你看，各种饮料中都含有糖，而且是高度浓缩了的，“上瘾性”非常强。所以有人把这类刺激表层需求的电了产品称为电子“海洛因”，这样可能会引起误解，但从对某些人的伤害性来说它就是这样。

我认为电子产品和电子游戏是否伤人，关键不在它们本身。关键在哪里？我们能不能控制生活、安排生活，这才是关键。我们控制不了生活，那么电子产品一定会乘虚而人。

我们能不能安排自己的家庭生活，能不能安排自己的生命？

话说说是容易的，但是，即使是成人，意志坚定的成人，做起来也不容易。包括我，我也不玩游戏——但是我在这几年的迷茫之中，对电子产品的依赖性就比以往要强得多。我的一个朋友，他是一个很有名气的知识分子，思想也非常深刻，可据说最近几年他沉迷于魔幻小说。为什么？魔幻小说和电子产品具有相似性，它们以满足人的表层需求为目的。当一个人的精神性、坚定性消失了，他明确的生活方式崩溃了，人就很容易被喧哗的、新奇的刺激所吸引。

所以我认为这个问题其实就是：有了电子产品的刺激，或者说可利用、但又带着危险性的情况之下，我们该如何安排自己的生活？

拒绝电子化，回到原来的生活，像华德福那样的生活，这也是一种好的选择，但并不是最佳的选择。

如果我们想要把电子产品引入我们的健康生活，引入我们的积极生活的话，那么对老师和家长的创造性就要求非常高。它要求我们健康生活，比如说带孩子一起跑步、旅游、讲故事、读书、听音乐会……在这个前提下，我们分一点时间给电子游戏，这应该不仅没问题，而且还能使生活更加丰富和开放。但如果一个家庭建立不起这种强大而健康的生活方式的话，那最好还是保守一点，即尽可能推延接触时间，减少接触频率。

也就是说，电子产品本身没有一个绝对的准则，它的关键是父母在家庭生活上的主导能量有多大？问题不在孩子，在成人，在成人可以为孩子展现出一个怎样的世界。

【案例及分析一】

我的孩子今年11岁，六年级。他有自己的电子设备（平板电脑），会玩固定的游戏，会用微信和同学聊天。户外运动只有周末会进行，主要是全家爬山。进入六年级后，孩子越来越多地想和同学一起玩，不是特别乐意和父母出去活动。他学龄前和小学低年级的阅读还可以，但是没有实现阅读自动化，尤其是进入五、六年级后，学习之余花在游戏和社交上的时间越来越多，阅读整本书的时间越来越少，即使有阅读，也只是睡前零星10分钟的阅读。

非疫情时期，我们会在周末给孩子1.5～2小时的电子产品使用时间。孩子大多时间都用来玩游戏、看视频，每次玩40～50分钟，分2～3次用完时间。作为家长，我经常会忍不住提醒他时间到了，注意眼睛之类的，这样的频繁提醒难免会引发孩子讨厌或不满的情绪，但还是忍不住在孩子旁边唠叨。怎么来管住自己的忍不住？怎么提高孩子在电子产品使用上的自觉性，帮他养成良好的电子产品使用习惯？怎么平衡孩子自己感兴趣的游戏和家长推荐他关注的内容？怎么引导他玩那些高质量的游戏？

疫情时期，学校上网课，屏幕使用时间有放开，4 个小时的总时间，理想的情况是他上课使用 2.5 小时，剩下的 1.5 小时留给他自由安排。但实际上，我发现他上课只用了 1.5 小时，看视频却用了近 3 小时，使用微信也占据了不少时间。

我耐心地和孩子进行了沟通，告诉他电子产品使用时间的管理，即使对大人来说也很有挑战，需要极度的自律。除了沟通，我还有意识地增加了“亲子共屏”的时间，比如最近一起看纪录片《中国通史》，但能看出来他没有太大兴趣，只是惧于父母的权威而坐下看的。

我现在最大的困扰是，如何把握孩子使用电子产品的时间，如何和孩子进行有效沟通？

这个家庭对孩子的教育出了一点小问题。这个问题就是教育的设计性过强，家长认为登山、看《中国通史》，把这些东西拼凑起来就会有一个优秀的孩子，所以就像课程表一样地规划孩子的生活与学习。

很多家长让孩子报这个班，报那个班，上这个课，上那个课，其实都是类似的目的。但他们都忽略了一个重要、重大的问题，就是最应该关心的是孩子内在的那个自我，他要成为一个怎样的人。他看《中国通史》也好，他去登山也好，目的都是他自我的成长——他要成为怎样的人，他要去实现怎样的一个目标。

我认为这个孩子还没有建立人生目标，他是被安排而没有进行自我安排。

这种自我安排，哪怕是追求学校里的名次也比茫然无知要好得多。他想在教室里获得怎样的地位（包括名次也是一种地位）？暑假回家，他回学校时想要呈现一个怎样的形象？为了这些，他得规划自己的生命，学点什么，做点什么。这里很重要的点是成人和孩子一起来充满兴趣地做点什么。比如说最近中央电视台电影频道在播放《中国通史》，请问爸爸妈妈自己喜欢不喜欢中国历史？如果不喜欢，那么让孩子通过看这个节目来更了解中国历史——这个希望可能要落空，因为历史跟游戏比，魅力要小多了。但是，如果有个成人跟孩子一起看，聊聊中国历史，那味道就完全不一样了。成人一旦把另外的信息带进去，这就是一种共同生活，而这种共同生活是所有东西都不能替代的。

如何让孩子在学习的过程中做自我规划，而不是别人替他安排？替他安排，他的反应是消极的，他是做了这一个，完成了那一个，零零碎碎的，最后那个字——“我”——是没有的。

家庭教育的关键，是家长有没有跟孩子一起做那些有价值的东西——尤其是一个学习领域刚刚开启的那个时刻，能不能在成人那里把它的魅力，把它迷人之处给展现出来？

如果你成人不进去，只是让孩子去报个班上个课，装潢一下，装点一下，对不起，这是没有多少用处的。若孩子的天赋、兴趣刚刚好碰对了，碰巧了，那就当然好。如果不碰巧，那就是浪费生命、浪费时间，而且孩子形成了虚假学习、表层学习。

当学习跟他的那点自我没有必然的重大联系的时候，那么他的自我就一定要找到安顿的地方。他们找到的是什么？是电子产品！无论社交还是游戏，它们都带来高反馈，而这就是高度的愉悦感。

对此，消极防御是必要的，但只靠消极防御，只是防，那终将防不胜防。防是肯定要防的，而且防御也有方法和层级。但是更重要的是如何引导这个孩子过自己的生活，树立一个小目标，一步一步地去自我实现。这个过程中，成人跟孩子共同精神成长，而不是去安排他、监控他。如果你只是安排他、监控他的话，他必须要去某个角落用非法的方式重新建构一个自我。

这才是这个案例里问题最大的地方。

【案例及分析二】

我想说说关于我儿子打手机游戏的事。为此事我痛苦不堪，愁白了头，成夜成夜睡不着觉，担心他长大学坏。

我的儿子今年 12 岁。他从小被惯坏了，有很多坏毛病。我们对他有求必应，几乎是要啥买啥，同一种玩具也会多次重复买，家里的玩具堆满了一整间屋子。

孩子 3 岁左右时，被邻居家的大孩子唆使，偷拿了 20 块钱买卡片。这是他第一次偷家里的钱，之后便养成了偷拿钱的坏毛病。他拿到钱后除了买玩具，就买我禁止他吃的垃圾食品。为此，打也打了，骂也骂了，道理讲了一箩筐，通通无济于事。

我和孩子爸爸关系不好，经常冷战、争吵。他跟着爸爸时，可以尽情玩手机，而我会控制他玩手机的时间。

可能是在上三年级的时候吧，他在堂哥的影响下学会了打手游，并偷偷充值了几百元。这样的充值有两三次。去年疫情期间，他又跟着哥哥姐姐打游戏，短短两个月充值了近万元。五个月以后，他再次偷偷充值近两千元打游戏。当时他爸爸因为经济问题被判刑入狱，家里只靠我的工资生活。开始为了不影响他，我没有告诉他爸爸在服刑，但发现他这么不争气，就一气之下说了实情。

今年他说同学们都有手机了，我就给了他一部二手手机。要求他周一至周五手机上交，只允许双休日玩。但到了周末，他常常会连续玩好几个小时，不让玩了，就出去找同学玩。上周日晚上，我查看他的手机，发现他今年一至七月每月充值两百多，八月充值六百多。有的钱是偷拿我的，有的钱是偷拿姥姥和姨姨的，还有很少一部分是编瞎话让我给发的红包。比如上次骗我说他和同学想吃汉堡，让我给他转 18 元。他知道我没有钱，便每次不会要太多。我给他买衣服或其他东西时，他常常以太贵为由不让买。

我发现他还是坏毛病不改，气得浑身发抖，但这次我没有打他，而是向他哭诉我的不易、家里的困难。他哭着说："我想改，但我就是控制不住自己。"我说："我相信你不是个坏孩子，我帮助你，咱俩共同努力。我们一定能够战胜手机游戏这个坏蛋的。"

上周，我彻底没收了他的手机，他变得无精打采。不能玩手机了，他就开始玩拼装玩具。他一直喜欢拼装玩具，家里拼装的小人不计其数。他把一群小人摆成敌我双方两个阵列，操纵着战争的胜负，用口技表演着战斗的激烈场面，乐此不疲。

我的孩子很善良，看到别人的电车倒了，他会扶起来。看到同学有困难了，哪怕自己为难也要帮助同学。最令我欣慰的是他懂得心疼父母。

他很胆小。可能因为个矮，连女生也欺负他，但他和男同学关系不错。

他不爱学习，在课堂上爱说话，爱动。有一次老师在家长会上点名说他上课没有一分钟不动的。从一年级起，他的语文成绩还行，数学成绩七八十分，但本学期语文成绩下降了，数学成绩依旧是七八十分，整体成绩中等。他经常因为不遵守纪律被老师罚站：不是和同学说话了，就是偷吃东西了，或者是因为好动发出巨大响声，打扰老师讲课。

老师，我该做些什么帮助孩子呢？

这个案例里的问题主要是母亲的心理——母亲心里有埋怨，有某种不满。

如果我们在教育孩子的过程之中，无论是对这个孩子的父亲还是对这个孩子，都在潜意识里先设定他就是不如别人的，就是差的，那么我们在语言上或者在行为上的一些积极性，就起不到作用。

这个孩子是比较典型的家庭环境受伤者。假设这个孩子长时间不跟家庭接触，并被送到当年的罕台新教育小学，在陈美丽、严盈侠、马玲等班主任那里，那么我们就会发现他会是完全不同的一个人。

每一个孩子，哪怕有智力缺陷，他都会在那里得到积极的肯定、积极的对待。也就说，他们总能够听到掌声，总能够被认可，总能够发现他们生命中的闪光点。也许他们这个不如别人，那个不如别人，但是他们就是有价值的，他们的生命就是有尊严的。而且这不是老师说说而已，对这些老师而言，这是一种信仰。今年陈美丽的书《走出大漠的女孩》出版了，真的，像那样的一个孩子，在这样绝无可能的情况之下，她凭什么能一步一步走出来？凭的是每一天、无数天的正能量输入。而这种正能量的输入，不是说说而已，这是一种信仰，是骨子里坚定不移的信心。

我坦白地说：首先，从我这个校长这里，我坚定不移地相信；然后，在几个优秀的班主任那里……我们构成了一种文化，我们树立了一种价值。

我认为母亲在做那一切的时候，我说得不恰当一点，有怨，说不定内心里还有一点祥林嫂似的心态，这个会对孩子的生命产生消极的暗示，他的无价值感会越来越严重。

手机不是问题的起因，手机是问题的结果。

问题的起因是什么？

他得去找到他的道路，哪怕是微不足道的任何事。如果家务方面他能做，假如小时候就肯定他那一点，无限地肯定那一点，那他会怎么样？

这个孩子太可怜了，他即使被关怀也是当着一个残疾人而被关怀。也就说大家潜意识里输入了一个“他不行他不能”的信号，而不是“无论哪一步，他依然能行”！

母亲啊，尤其是一个母亲，当处于家庭条件不是很好的时候，中国母亲在这种特别情况之下，她会变得很勤奋、很积极、很勇敢，但是心态并不健康，可是健康的心态比努力了多少更重要。为什么？

现代社会怎么生活都比古代的贵族还要好，但是我们一般怎么去看这些问题？如果你一年挣个十来万，你的邻居都挣个几千万，你跟他们比，你就觉得自己是一个失败者，你的家庭是一个失败的家庭。

家庭经济如此，孩子更是如此。

假设孩子天生就带着某些小问题，我觉得依然要用心教育孩子，帮他找到他的道路，肯定他道路上的每一点。我们不是要把每一个孩子都送到清华去，不需要拿他跟那些考试成绩好的学生去比较，我们需要做的是找到每一个孩子的闪光点，不断地给予他肯定。

这个孩子的失败感是累积起来的，无数次失败累积到现在。再来说依恋手机的问题。这药不对症！它不是个手机问题，而是一个没有成就感的问题！他的一切行为都是因为没有成就感，可是他真不能有成就吗？不是的，是我们不让他有成就！为什么？因为我们只把跟别人比的那些东西当成一个孩子的成就。

一个弱的孩子，他只要家务做得好，他只要善良，这就都是优点，他就可以在这个世界上光明正大地、堂堂正正地生活。

但有时候我们的焦虑（也就是社会给我们成人的压力）先把我们成人弄得不健康了，我们成人已经不能够抵抗社会的风浪。那么弱小的孩子如果感受到的是我们软弱的一面、虚弱的一面，那么万一他的天赋不高的话，失败的结果就命中注定了。

这是残酷的成因分析，如果诊疗，依然得从母亲入手。我赞同必须向家庭、向母亲赋能。如果不赋能的话，他们本来就难以抗拒这个时代的风潮了，所以我是很赞同的，在治疗中还是要赋能。而且我赞同这个家庭需要一种特别的治疗，这种治疗首先是仪式性的，是象征性的，它是一种对原有的惯常的生活的打断、打破，试图重组、重建的宣告。

【案例及分析三】

我是一名中学教师，我先生长期在外地工作，我儿子16岁，现在在普通中学念高一。我儿子从小学五年级开始玩手机，那时周末控制他玩手机的时间，大约玩1小时，但经常会超时10分钟左右，最终在我的强制下才不用手机。他上六年级时，用压岁钱偷买了一个二手手机，后来被我发现并没收。

初一，他用手机以玩游戏为主，也是一周一次。到了初二放寒假，我给他报了网课让他学习，结果他趁着上网课玩电脑。初二下学期，学校因为疫情两个多月没开学，他在家迷上了手机，几乎不出门，天天玩游戏，成绩因此一落千丈。有一次，我看他整天沉迷于手机，又气又急，就把他的手机没收了，他发了疯似的跟我对打。到了初三，他在班里排二十名左右，每周五到周日连续三个晚上玩手机，根本无法改变他的状态。他又用压岁钱偷买了一个二手手机。他承诺在中考前两个月不玩手机，用心学习，但因为前面基础没打牢，结果中考成绩不理想，没考上重点高中，只考上普通高中。其实，在他念初三期间，我报名参加了县城的家庭教育讲座，其中也听了“如何破解迷恋手机”专题讲座，当时听得热血沸腾，结果是现状该怎样还是怎样。

现在孩子高一放假在家，哪里都不去，就躲在家里玩手机，连上街买衣服、鞋子都不愿意，叫我网购。他几乎没有朋友，也不运动。我想孩子迷上手机与缺少父爱有很大关系，可是孩子的爸爸至今也不愿回家找份工作。

看着儿子把时间浪费在手机上，我感到非常焦虑，可是自己又想不出更好的办法，希望得到老师的帮助！

好多问题在某些方面是相似的。母亲对手机的关注和她对另外方面的关注是不对等的，她只把手机看作是问题。但是对我来说，有好几个点都是关键，——怎么做才有了这样的结果，它们才是后来一切的原因。

比如说第一次偷买了一个二手手机，然后一出事母亲恼火地把他的手机给没收了，等等。

还有一处我特别感兴趣的是，他们报名去参加县城的家庭教育讲座，听了如何破解迷恋手机的方法，当时听得热血沸腾，我不知道是妈妈还是孩子听了热血沸腾。后面为什么就冷了，且没有任何结果？

我用六个字来形容所有优秀的教育——“高期待、细跟进”。

“高期待、细跟进”，哪怕他的智力很低，哪怕他最初的考试结果并不理想，我依然要高期待，但是更要细跟进。高期待指的是什么？指的是要把一件事情郑重其事地对待，比如说如果我是这个家庭的一个朋友，那么我会建议，母亲和孩子要把它当作是家庭的一个严重的危机来处理。也就是说，现在我们母子相依为命，我们最后会有怎样的命运？我们会有怎样的家庭？我们需要在这个问题上形成共识，我们母子怎么活？活出个啥样？这辈子怎么过？母子俩先把这个问题确定下来，然后在这样一个共识的基础之上，再说生活的琐碎细节。

教育良好的家庭中，母亲的精力花在哪里？当母亲对孩子积极事物上的反馈——细致反馈跟进的时候，消极问题就没有了。

而案例中母亲对那些积极事物基本上是漠不关心的，对日常的健康生活不评价不反馈，然而当出现消极事物的时候，采用的是比较粗暴的、简单的方式来处理。但那是不能解决问题的，为什么？因为根子里、内部的问题没有解决。

这个孩子的内心里他是失魂的，他不知道要到哪里去，他只知道他的家庭困难，他的家庭不怎么好，可能钱也不是很多，他也不是很健康……这时候，如果没有引导他正面面对这些问题，他就会逃避，手机就是逃避之所。

如果这个妈妈是个狼妈，鞭策孩子在学习上拼命地下功夫，这个孩子就没有精力在买手机这个事情上折腾，因为他的所有精力都被妈妈给牵着去应付考试成绩了。请记住，考试成绩都是积极的，考试成绩的排名本身是没有多大意思的，但是它并不全是坏事。因为它在鼓励孩子向上走，在奋斗，在努力。所以，应试教育肯定是有缺陷的，但是它至少不是无谓地浪费生命，它至少算起来是在一个社会认可的积极事物上，妈妈引导着孩子在奋斗。

但我没看到一个特殊家庭中，妈妈试着让孩子去明白我们家庭的特殊性，我们母子如何相依为命，如何为着我们的命运去努力，我怎么去奋斗，你怎么去奋斗，我们怎么共同来解决问题，我没看到。但这些才是关键。后面要治疗手机依赖症依然要从这里开始。治疗本身也是积极事物。

如何治疗手机依赖症这个事情，母亲要跟孩子两个人把程序写下来，如果一天成功了，我们怎么奖励？如果你这天失败了又怎么样，我们如何惩罚自己？最后彻底成功了，我们如何热烈庆祝？所有这些，就叫教育的细跟进。

只有一个想法，要把迷恋手机的问题解决了，但没有跟进的程序，是不行的。本质上，依然得在精神上去治疗：我们母子，怎么样去相依为命闯出生活来。这是本。然后我们把它分解为无数步，用行为疗法不断庆祝自己的成功。

母亲还是不懂教育是怎么回事，不明白我们应该如何引导孩子往上走。孩子什么时候可以得到一种自由了？孩子并不是说一定要每一步都被安排，但是孩子任何时候都要有一种尊严感，一种方向感。哪怕他暂时迷惘，他的价值尺度、他对自己的要求标尺是不能低的，当标尺没有了，放弃了，那么就开始堕落了。所以，这都不是手机的问题，最后一切都要回到“我们该怎样来共同生活”这个问题。

【案例及分析四】

我儿子 16 岁，高二，目前有一部没插电话卡的手机。我梳理了他从小到大使用电子产品的情况。

1. 学前阶段。孩子 6 岁上学前，一般会在晚上看一会儿喜欢的动画片和文艺节目等。我们没有让孩子养成无节制地看电视的坏习惯。

2. 小学阶段。在孩子上一年级后，家里的电视本来也旧了，我就把电视给扔了，之后一直没有再买。每到周末，我会和他一起在电脑上看一部动画片或者电影，偶尔也陪他玩半个小时小游戏。三年级到五年级间，我给他配过儿童手机，只可以接打电话的那种。后来丢了，就没有再买。

3. 中学阶段。他不止一次提起过班上其他同学有手机，他自己没有的事儿。我们明确告诉他，不会给他配手机，他也没有闹腾。他会用我们的手机查资料、听音乐。过年回老家，孩子拿着他二爸的手机打游戏，几乎是从早到晚，他二爸还说我把孩子管得太严了。关键是看到他经常拿上手机就不撒手，我真不敢给，怕他控制不住自己。

4. 高中阶段。他一直说想要手机，理由是他的朋友都有手机，平常一起出去很不方便，特别是买东西他用现金很不好意思等。高一寒假，我们给他买了一部手机。但我们对玩手机进行了约定：周一到周五，不玩手机，周末每天玩2个小时，晚上可以多玩一会儿。刚开始坚持得还不错，但是在回老家过年时，他就一直拿着手机不撒手了。回来后约定就基本不作数了，手机几乎不离手。我不知道他在房间里干什么，反正作业完成得不好，甚至根本不让我们看或者说。近一年，我们多次进行过约定，但他不遵守；我拿约定和他谈，认为他不守信用，他却胡搅蛮缠，振振有词；我赌气不理他，他就继续玩手机……如此不停地循环。目前就在这种拉拉扯扯的过程中，他周一至周五不动手机，到周末就基本上处于失控状态。

前段时间冬季会考结束后，他从理科班转到文科班。有些内容之前没学，这周他连着两晚用手机，说是向同学要了笔记抄，我要求看看同学发的内容，昨晚的确有发，今晚又把手机拿走了。

大致情况就是这样，恳请老师解惑，谢谢！

这个妈妈是相当不错的。在前面一直教育得挺好，但到了某一刻、到了某一阶段，妈妈发现她对孩子的教育无能为力了。

我估计这个妈妈在孩子上小学的时候对教育是得心应手的，觉得一切都是可控的，一切都在把握之中，孩子也健康成长。然后到了高中，妈妈对孩子的精神生活和学习生活就几乎管不了了，并且在相当长的时间里都没有去突破这个问题。

虽然我们不是教高中的老师，但是孩子在高中阶段的精神生活，是我们必须关心的。比如说这里提到的一些事情：他为什么会从理科转到文科？这是很重要的一个转换，这不是一天发生的，这是一个重大事件，一定是经历了一个漫长的过程才导致了这个结果。那么这个事情的苗头在哪里？这个苗头是孩子提出来还是老师提出来或是妈妈发现的？我们是怎么处理这个问题的？这个事情背后其实有很多很多原因，但是如果妈妈因为某种原因，也可能是不懂，觉得那时候控制不住，一忽略就过去了。

但这就是孩子在最摇摆不定、最艰难的时刻，妈妈没有帮助他挺过难关。也就是说，孩子人生的道路中间有些特殊时刻，他是在逆风而行，他在顶着巨大的压力往上走。在这个走的过程之中，说实话，孩子在学校中的压力是非常大的。但是压力大，甚至失败都不重要，重要的是我们作为父亲、母亲，要给孩子以积极的反馈。

个人认为，这个孩子的高中阶段遇到了重大的困难，然后妈妈在小学的时候能帮他，但是越往上越帮不了他。

其实帮有两种：一种是直接学习上的帮忙，一种就是精神上的鼓舞，就是对孩子奋斗的无条件认可，对他的努力表示积极的认可。这样一来，孩子即使屡战屡败，也能屡败屡战。我们不要他必须赢，我们要他必须努力，坚持比结果更重要。

这个孩子，他是在遇挫的过程之中迷上手机的。挫败之后，他在手机中找到了一点成就感，一点快乐。

现在这个时刻是重大时刻，这个重大时刻其实就是我们不要以别人的成绩作为孩子成败的一个标准。我们要把孩子在高中的学习当成他生命中非常重要的一个精彩的赛季。这个赛季任何一个球队都是伟大的，最后一名的那个球队也是伟大的，为什么？因为每一场比赛他都没有放弃，都用了百分之百的努力去参与，你想，无论在NBA的哪个球队中，最后一名也是伟大的球员。对不对？能够参加这个竞赛，坚持到最后一场比赛就已经了不起了。

本来孩子可以做一个了不起的英雄的，但是我们把外界的一些词汇标准当成了孩子唯一的标准。如果老师这么做了，母亲千万不可这么做。

我觉得这个孩子是在困难时期没有得到很好的帮助，所以他就采用了一种逃避主义。在逃避的时候，他内心依然是迷茫的，他的迷茫需要疏导。现在帮助孩子改正，还完全来得及。

成长，就是从百草园到三味书屋

在《还童年以合法的蒙昧》一文中，我捍卫了童年蒙昧的权利。伊甸园、百草园、秘密花园，这些都是童年生态最好的隐喻。

一切课程始于身体，终于人格；一切教育始于故事，终于哲理。

童年，意味着身体和游戏，意味着无穷无尽、永远听不厌的故事。当孩子随父母去农庄采摘草莓，数量和形状属于数学，重量和力度属于物理，颜色和线条属于美术，奔跑属于体育，欢乐属于音乐，甜味属于化学，草莓由种子化为果实则属于生物，食物的故事属于历史，土地的风貌属于地理……另外还有贸易和道德，语言和幻想……

但他对任何单一方面的特别关注，甚至进入研究的状态，都意味着他离开了童年的蒙昧，进入生命的启蒙。故事将在情节越来越复杂的同时，开始主题的分化：他琢磨曹操某个决定的正误，考察一个对主人公有益的行为的合法性，道德问题就从故事中分化出来；他开始琢磨怎样讲述才能让故事更为迷人，修辞和文章学就从故事中分化出来；他追问历史上是不是真有过曹操这个人，他究竟做过什么，历史和虚构的问题就从故事中分化出来……

还童年以合法的蒙昧，就是保护童年不被过早精确的“知识”伤害，就是保护他天然的知觉和具身的认知，让他在“生活世界”里，以一种日用而不知的“上手方式”，和万物打交道，保留着身体的所有感官一起作用，探索天地万物的本能。

但是，智慧是不会停留下来的。橡子一定会在春天的泥土里破壳，长出根和芽，长成小树，并不断地自我扬弃，最后成为参天大树。精神也是如此，当时机成熟的时候，他不必再用手指数数，他可以想象出居然不是太阳绕着大地转动，而脚下的大地居然是一个巨大的球，是它在绕着太阳转动！

任何一个议题的深入，都会触发某门科学的来临——人类当年就是这样从原始宗教中诞生出哲学，从哲学思考中分化出科学，并和生活中的诸多问题一道，慢慢地生长出地理学、生物学、经济学、政治学、修辞学……

这时候，谁想把孩子们挽留在浪漫中，谁就是在耽误生命，仿佛试图把人类挽留在启蒙时代之前，甚至更早的原始社会。

种一季麦子，过一个收获节，把亲手种植的麦子烤成面包是不够的！

考察麦子如何在一万多年前于两河流域被人类驯化，于四千年前传入中国，最初人们只会把它直接煮熟食用，慢慢才有了磨子，有了粉和面（饼），有了面条，有了发酵的面包和馒头……这就是历史！它牵连着与水稻、黍稷、高粱和玉米的爱恨情仇，也就是整个人类的文明史。

考察一下麦子的甲骨文，理解古人为什么把它和“来”字当成同一个字；吟诵从《诗经》到海子的无数关于麦子的诗词，感受麦子形象在农人那里和诗人那里的差异，这就是语文。

研究麦子在中国大地的分布——跟温度和降雨有关，琢磨四千年前，经过怎样的道路，麦子居然可以从两河流域传播到黄河流域……这就是地理。

琢磨水稻和麦子不同的形态，研究它们被驯化过程中的变化，研究未来火星上最先种植的应该是玉米还是麦子，研究如何通过杂交，种出不同口味或者性状的麦子，这就是生物。

琢磨漂流在荒岛上的鲁滨孙如何用十粒麦子为种子开始，他能够在多久之后吃上面包，又能够在多久之后饲养鸡鸭，吃上鸡蛋和鸭肉……

这就是数学。

琢磨是什么变成了饱满的麦粒、喷香的面包，如果不是泥土那又是什么？空气中居然有东西留在麦子中，成为麦子的根茎、叶子和果实，以及阳光在这里究竟实施了怎样的魔术？这就是化学和量子物理学。

琢磨古人会怎样合作，是各自以家庭为单位自己管自己，还是一起集体大劳动？或者还有其他什么办法？什么叫井田制？什么叫十一税？这就是经济学和社会学。

我现在说的不是学科融合或者综合学习，也不是基于问题的学习——没有哪个综合性学习可以抵达所有以上学科应有的深度！即使可以在麦子这里作为“缘起”，如果停留于此，那也将是蜻蜓点水、浮光掠影地学习。长期停留在这样的浪漫中，心智不会得到真正的满足。

语言文字将单独上路，成为语文；数字和几何（在字源上本应该叫图形）将单独上路，成为数学；麦子和其他万物的生命问题一并成为生物，仅仅麦子是不足以理解生命和进化的……

和“田家少闲月，五月人倍忙。夜来南风起，小麦覆陇黄”联系得更近的，不是大麦或者水稻，而是所有唐诗宋词、汉语汉字。

和“在青麦地上跑着 / 雪和太阳的光芒 / 诗人，你无力偿还 / 麦地和光芒的情义 / 一种愿望 / 一种善良 / 你无力偿还”联系得更近的，不是现实中的任何一块麦田，不是早上的面包或者面条，而是“意象”“象征”“存在主义”这些似乎很抽象的概念。

万物关联，但任何一物，都有它自身的限度和边界。专门的学科学习、分科学习，就是通过一条特殊的道路，探索宇宙的一类奥秘，抵达认识的一个极限。

百草园不是被摧毁了，而是在它的前面，建造起了三味书屋。

所有的认知都基本遵循着“浪漫—精确—综合”的过程，所有的学科同样需要遵循这个认知的规律。在童年的身体、游戏、故事中获得的丰富、充沛的浪漫，就是精确学习的最佳前奏。也就是说，为了在精确的学科知识中获得深度理解，本该在此前有一个丰富的浪漫时期；而有了足够丰富的浪漫认知，只要善于引导，就能够自然而然地进入深度学习。

深度学习的灵魂，我们用“审辨式思维”和“研究性学习”这十个字概括。

审辨式思维，就是审查和辨析所有观点的意图和证据，包括自己言说的观点和证据，在同情地理解的基础上，把所有的思想安置在它恰当的位置。鉴赏或者批判，都只有在此基础上，才能得以合法地进行。

研究性学习，就是围绕一个真实不假的问题（不论过去发生过的历史事件，还是当前令人迷惑又好奇的生活难题、自然现象，或者未来的某个行动计划、科学实验），运用充沛的想象和科学的方法，大胆假设，细心求证，直到更合适的“真相”显现，更合理的方法涌现，并在结果上用事实得以检验，以及对新的研究继续保持开放。

没有这样冷静到冷酷的审辨式思维，没有这样复杂到烦琐的研究性学习，我们的孩子就无法成长为超越过去的少年和青年。

百草园，是万物一体、浪漫丰富的童年。没有这样的童年，一个人的一生极可能机械、单调，缺乏想象和创造。三味书屋，是格物致知，是用人类的心智，格正万物，把它们整理为符合我们认知的科学的巨大框架，并无限发现超越视觉的细节，用抽象的概念，去把握万物背后的奥秘。

百草园，是《知北游》，是“天地有大美而不言，四时有明法而不议，万物有成理而不说”；三味书屋，是《天下篇》，是“判天地之美，析万物之理”。

但还有最高的境界在远处，在背后，那就是精神的逍遥游，是对“磅礴万物以为一”的渴望和追求。

整天谈孩子的人生多么狭隘

被人称一声“干老师”，难免被拉入一些教育群、教师群、课程群、育儿群。可惜，不出三天，我就彻底丧失了打开那些群的兴趣，因为这些群只有一个狭隘的话题：孩子，教育；教育，孩子；孩子，孩子，孩子……

如果从事教育就是整天谈孩子，谈这个问题那个毛病，那我早就辞职不干了——去做任何一个职业，都会比这样有趣得多。整天谈孩子的教育其实是太过焦虑，这不是教育的健康状态，这是教育的病态、变态。

教育本来应该是：一起玩音乐，一起读书，一起远足、攀登、画画，比赛谁先做出一道数学难题，讨论一个重大的问题，先穷尽别人的观点，再发表自己的意见……

前几天，一个家长问：我想把孩子送到南明教育旗下学校就读，那么我现在应该做点啥？——孩子做点啥？作为母亲又该做点啥？

我的答复是：为了孩子的健康，为了您的健康，千万别把全部生命押注在孩子身上。首先，别总考虑孩子，应该多考虑考虑自己。自己爱什么，还能够学习什么，还能够抵达何处，还能够创造什么？不要等生命彻底虚度了，最后指责孩子，说自己为了他的教育而牺牲了自己——我现在最怕看到这样的家长。我衷心希望您做自己，您做好了自己，孩子就有了榜样，有了方向，也有了安全与自由——身后站着一个时时盯着他的母亲，他怎么感到自由？童年时还会觉得挺安全，稍稍长大一点，这就是最大的不安全，做什么都得提心吊胆。

如果必须做点什么，那就和孩子一道读书吧。童年至少需要听一千个故事，有几个是妈妈或者爸爸讲述的？其实故事的本质就是让精神离开眼前的苟且，去远方经历另一种生活，最后归来时，能够换一种眼光打量自己的生活。不是为了赞美，不是为了批判，而是为了更好地理解。

亲子关系也需要被重新打量，重新理解。为了更好地理解，需要精神上的某种离开，而与其他的事物保持连接。也许对你来说是音乐，对他来说是攀登，对我来说总是真正的独处——独钓寒江雪。

如果我找不到自己，我将无法悦纳、引导任何一个走近的灵魂。

当孩子身边发生暴力

一如既往，我思考的焦点不是如何替法官裁决，而是怎样向还天真的孩子解释。理解比惩戒更重要，这就是教育的真谛。

2019 年 10 月 20 日，大连市一名 11 岁女孩遇害，罪犯是一名未满 14 岁的少年。据说这个男孩劣迹斑斑：骚扰成年女性，对穿裙子的女生做不雅行为，抢劫，此前已经引起众怒……强奸未遂后杀死女孩，在杀人之后用手机向同学炫耀……案发后，他母亲首先做的是抹去犯罪现场的血迹……

关于这件事，我们首先要和孩子交流的是：你是不是很愤怒？很害怕？是不是希望对他严惩？

无论什么时候，法的原则不可废，立法的程序不可坏，法的细节应该在时间中不断修缮，但法的修改只对未来有效。最终，法是公共规则，每个人可以发出自己的声音；但建立怎样的法律，如何执行法律，只能按程序和原则，由集体决定。逾越既定法律的严打、严惩，本身都是对法律的亵渎、破坏——哪怕一群人集体同意也不行。所有人既受法律约束，又受法律保护，包括那个罪犯。这才是法律的神圣性。

好，现在你可能就要责问：说这些“无情”的道理，却不给孩子以安慰，能够让孩子安心吗？

孩子的安全感来自哪里？不是安慰，而是秩序。即使有人破坏了秩序，我们依然需要告诉他们，秩序还在，并且被尊重，被守护。所有被证实已经违反了秩序的人，都将受到相应的惩罚。安全感来自秩序，来自真切地感受到秩序的存在，而不来自父亲保证说，我会向一切欺负你的人讨回公道。

然后，我们需要向孩子们解释：邪恶来自何处？不是说孩子的世界是天真无邪的吗，为什么突然就变出了邪恶与暴力？莫非，所有孩子的身体深处都隐藏着一个恶魔？那么“我”会不会有一天也变成一个恶魔？

孩子理当知道这些：长大就是不断变化；青春期，就是所有变化中最大的一次，包括身体，以及思想；这次变化可能是丑小鸭变成白天鹅、毛毛虫变成蝴蝶，也可能完全相反；决定变化结果的，有个人的愿望，但更取决于他和她听过什么故事，相信什么故事，也就是说，一个邪恶少年就是一个邪恶的故事，他或她听信了它，选择了它，书写了它——而故事的雏形，早已经存在于他或她的童年生活中。

也许，还有你尚未进行，但必须及时进行的两性教育。无论男孩还是女孩，这样的教育都很有必要，因为他们会遭遇不可理解的自然之力，控制得好是礼物，控制不好就是炸药。

性邪恶说与性解放观，都既不自然，也非文明。《诗经》中的“窈窕淑女，君子好逑”，唐诗宋词中的无边相思，都告诉我们在人类的健康时代，人们对性与爱的基本态度：“乐而不淫”，孔子讲的本不是性，但可以借来一用；“约之以礼”，也就是用文明社会的方式，来塑造自然本性。

歌曲、舞蹈、故事，其本质大都是我们用文明引导下的性与爱。那个只会在儿子杀人后帮他抹去血迹的母亲，可曾为儿子讲过那些故事，并和儿子讨论过那些故事？

如果大小长短变化如意的金箍棒就是男孩青春力量的象征，那么大闹天宫呢？五指山的惩罚呢？西天取经的赎罪呢？

女性同意为什么那么重要？克制自我为什么那么重要？学会等待为什么那么重要？延迟享乐为什么那么重要？

人与兽有相似的本性，那二者的分野究竟在哪里？

只有把自己当成野兽，把别人当成猎物，才会采取那么可怕的暴行——还只有13岁根本不是理由。约束自己，必须在幼儿园就已经学会。那么，除了必然缺席的父母责任，这个孩子沦为罪犯的过程中，还有什么缺失了？假如这是一个被基因决定的无法教育的暴力儿童，那么他就该属于医院治疗，属于法院监管，而不是属于学校教育，以及要求小区提防！

这就是文明。我们借任何一个远在天边的事件，修正自己的漏洞：法律的漏洞，教育的漏洞，民政的漏洞，甚至，是对流行的电影、音乐、书籍、舆论进行反思，进行约束。

只要理性还在引导我们的自然本能，只要自然本能还不被怀疑、否定、阉割与窒息，我们就还可以信任社会，信任人性和人类。而且，我们比任何时候都需要童话，它才是这个社会真正的奠基者；美好或者邪恶不取决于本能，而取决于人类早期的精神世界被怎样的童话雕塑。

我们周围的强迫症和偏执狂

前几天和部分老师谈及强迫症和偏执狂，发现一个有趣的现象：不少“优秀人士”，都至少得了其中一种病。我发现近年来遇到的那些特殊职业人：民办学校的校长和教师，辞职专门教育儿女的父母，加引号的自由职业者……尤其是创业者，他们中患有强迫症和偏执狂的概率更高。

强迫症对准自己，偏执狂朝向他人。

发作症状：不达目的，决不罢休；和颜悦色不行，那就死缠烂打；死缠烂打无效，还有借刀杀人、趁火打劫、浑水摸鱼、打草惊蛇、调虎离山、欲擒故纵、远交近攻、反客为主、无中生有、借尸还魂……

完美，卓越，绝对的把握，绝对的可控……这便是病根。再从生物学上追究下去，就是生存的恐慌：害怕自己的基因在竞争中被淘汰出局。所以，就像孔雀，拼命要求自己的尾巴越来越长，越来越大，越来越绚烂！

飞不起来了？跑不远了？没关系，只要我胜过了被我的大尾巴淘汰的那些小尾巴，我的基因就优先留在了世界上！我就是胜利者，别人就是失败者！

这种“争”，这种“生命”，思考的总是某个特殊领域的优胜性。最近几年，先后流行过钢琴、奥数、英语、背经，现在据说又兴起了马术、高尔夫、审美力、大语文……事物有好坏优劣，但视角完全没有差别。

同一学校同一年级的两个老师，为争平均分零点几，甚至零点零几的差距，起早摸黑，拼死拼活，钩心斗角，你死我活……而学生真正的发展、成长，早已被抛到了九霄云外。母亲眼里的孩子，是否可爱，渐渐取决于孩子能否顺利幼升小、小升初、初升高。孩子的个性、喜好……统统靠边，它们反而是最有害的。

尊崇国学的，希望自己的儿子是个小朱熹、小孔子，希望自己的女儿是贞女和烈女。尊崇西学的，希望自己孩子的母语是英语，第二语言是德语或者法语，然后才要求掌握一点汉语——就像自己还勉强听得懂的家乡方言。

强迫于什么，千奇百怪；偏执于什么，五花八门。但强迫和偏执的表现症状、生命根源是基本一致的。强迫症患者，天天在某一方面过度地修炼自己，仿佛修炼着《九阴真经》或者《易筋经》，终有一天能八脉齐断，神功告成。偏执狂患者，一有机会就向他人灌输意见、建议、先进理念、可靠方法，相信只要偏执深，铁棒磨成针，没有什么人是不能被自己的坚持和真诚所打动的！

当他们（也许更多的是“她们”）发现了自己解决不了问题，发现了症结在于自身，就会真诚地、虔诚地去寻找高人和秘籍，来治疗先前的不足。他们真诚地反思，诚挚地学习，以更高的层级再次复制自己的强迫与偏执。

《道德经》《金刚经》和《心经》，成了他们新的“紧箍咒”；心灵研习营上习得的新概念，成了他们批判社会、批判他人的新武器。《大宗师》和《金刚经》本来确实是能让我们放下偏执的良药。人与人的隔膜，也确实需要更多的机会来破除。但是，有病的未必是孩子，未必是站在我们面前的那个人——极有可能是端着药碗的我们自己，有病。我本人就有，不轻！

曾听一个家长说，我觉得某学校所有老师都应该去听听某某老师的心灵讲座，他们太需要学习为人处世之道了。曾听一个老师说，某家长竟然让孩子请假去参加另外的课程，如果再这样我就不对这个学生的成绩负责了！

不读《道德经》的，可能不一定不懂“无为而治”，而是压根不需要《道德经》来告诉他这么做，因为他本来就已经在这么做；没去心灵班的，可能未必不懂得如何与孩子交流沟通，而是早已经习惯了把自己的生命和孩子相互编织。

有病，得吃药。但没病吃什么药？没病只需要吃饭：寒来穿衣渴来饮，饥来吃饭困来眠。吃饭，吃饭，我也多嘴了——任何多嘴，都是有病！

“读经”与“国学”背后的“自我同一性困境”

在“国学”和“读经”这两面颜色不同但被视为一体的旗帜之下，其实并没有意见一致的群体。

从事于“国学”和“读经”的，有追逐暴利的，有献身公益的，有探赜索隐、钩深致远的，有盲目热爱一切祖宗之物的……但是，“国学”的兴起，“读经”的复活，总有点什么是所有诉求背后一致的东西。我个人认为，这一致的东西就是中国人的“自我同一性困境”。

自我同一性，是一个心理学概念。心理学家埃里克森认为，生命在每一个阶段都有特定的冲突需要去解决，有特别的困境需要去突破，生命正是在解决问题的过程中，实现了成长。而青少年时期的困境或难题，就是自我同一性，也就是第一次有意识地回答“我是谁”的问题。这一冲突可以表述为：要么完成自我同一性，要么陷入角色混乱。

心理学家这样定义这个概念：同一性是指个体将自身动力、能力、信仰和历史进行组织，纳入一个连贯一致的自我形象中。它包括对各种选择和最后决定的深思熟虑，特别是关于工作、价值观、意识形态和承诺等方面的内容。如果青少年无法将这些方面和各种选择整合起来，或者说他们根本没有能力选择，那么角色混乱就发生了。

如果我们把“青少年”换成“中国人”，那么我们确实发现：当前的中国人，正陷在同一性危机，也就是角色混乱之中。

梁启超的《少年中国说》是一个注定“伟大”的文本，它的伟大主要不是思想的伟大，而是它第一次清晰地反映出现代中国人的“自我同一性危机”或者“角色混乱”。《少年中国说》提出了这样一个问题：一个孩子即将长大，它将以怎样的模样成长？

从此，每一个中国人不禁这样问自己：我是谁？我是中国人意味着什么？在以西方政治、科学、文化为绝对主导的世界，作为中国人意味着什么？

你可以不思考这些问题，不回答这些问题，但是，你的任何选择，其实都是在对这个世纪难题做出答复。汉服、唐装、吟诵、书法、东方建筑美学、东方园林艺术，乃至中医和养生……所有这一切都不是为了复古，而是为了回答一个问题：我是谁？

美国人、日本人、印度人、蒙古人都知道这个问题的答案，但今天的中国人却可能会很迷茫——即使自以为找到了答案，其实也只是胡乱填上的解答。

读经，就是最自以为是的一场胡闹，逻辑简单，推理粗暴，借着经典之名，倒行逆施，愚人愚己。但是，难道那些经典因此就不再是经典了吗？甚至变成有毒的了吗？即使“四书五经”作为专制时代的教材，确实造成了过于封闭的旧中国历史，但这些书籍本身，却依然是经典。只有既没认真读过柏拉图原著，又没认真读过《孟子》《荀子》的，才敢放言二者有云泥之别的优劣。

《理想国》的极端专制，从来没有影响它作为经典的地位，而《诗经》的美丽，《论语》的坦诚，《庄子》的天马行空，《孟子》对人性的追问与信任……所有这一切，都不曾辜负我们，而只可能是后人辜负了前人。

一些人强调，从不存在“国学”，“国学”是一个假概念。这样的论述同样蛮横霸道，因为从逻辑上讲，只要存在“西学”或者“外学”，那么必然在概念上存在“国学”或者“东方学”。无论是内容上的区分，还是方式上的区别，概念的互存是一个逻辑的事实。虽然，二者之间必然是对话的、纠结的，甚至可能是其中一个先进的即将替代另一个落伍的。

所谓国学，其实就是东方人面对西方主导思想，在辨析着、寻找着哪些是我们自身的财富。这种追问，不一定是为了排斥西方之学，但一定是为了更好地理解自身。然而，借国学而抵制西学，借中医而否定西医，借中药而否定西药，借读经而否定思辨，借中国而否定世界……所有这样的愚行，确实把一个真正的问题，搅得无比混乱，而且似乎答案将非常狭隘与可悲。借启蒙之名，一概否定中国经典，否定存在中国思想和中国艺术（也就是中国之学），是不是也同样狭隘与可悲呢？

少年中国，中国少年，其实我们确实面临着青春期的难题：我是谁？

暑假是用来拉开差异的

不止一篇文章以“暑假是用来拉开差距的”为题，或者继续做应试教育的帮凶，或者替培训机构招生。假期自然不能虚度，培训机构也有好有坏，但类似《暑假是用来拉开差距的》这样的文章，确实利用并滋长了当前的教育病态——家长们的过度焦虑。

坦白地说，暑假确实是拉开学生差距的一个重要原因。这是事实，用学术语言讲，就是“实然（实际如此）”；但事实如此并不一定就是对的。逼学生把假期当成加班，比平时学校教学更昂贵、更简单粗暴，可能也更高效率地反复操练知识，但这是不对的！

明眼人早就明白，当前的教育陷入了囚徒困境：本没有犯罪证据的囚徒们为了成为那个能减刑的人，都抢着说出同伙的罪行——结果因为没有人保持沉默，所有的人都依然被判有罪；家长们为了让自己的孩子能成为学习中胜出的那一个，偷偷为孩子开个小灶，加点小餐——结果因为所有的人都这么干，最终成了劳民伤财的“军备竞赛”。谁不参加这样的“军备竞赛”，谁就注定输了！

除非有谁证明：谁不参加这样的“军备竞赛”，一样能考出高分；最好是比单纯的应试教育成功者更能赢得人生，成为生活的成功者——也就是说，还没有应试教育的副作用。毕竟，参加那样的“军备竞赛”，胜出的依然只是少数，且胜出者也因长期的恶性竞争而伤痕累累。

无论如何，我们的家长依然是输不起的一代，我们的民族人格，也是含有应试教育的遗传基因的——我们可能是最早且最久的考试国家，而且考中者的基因，确实获得了更广泛的流传。

不过，情况确实在变化，虽然现在还处于变化的早期，还没成为主流。变化的一个原因依然是为了考试成功。但越来越多的家长意识到，想要孩子在学校里成功，仅仅在假期里炒教材的冷饭，是不能达到目的的：一来，机械重复令人厌倦，下半年的知识提前在暑假教了，下半年的课堂就丧失了发现知识的惊奇；二来，大多数知识其实有宽广的背景，学校教育有限的时间没办法展开这些背景，而丧失了这些智力背景，学习就会很吃力，很机械，不能触类旁通，不能豁然开朗。

如果我们授予的是能够让学生在接触新知识时触类旁通、豁然开朗的背景知识，那该多好！譬如，一个初中生能在暑假里带着兴趣读通《史记》《三国志》之类，那么他学教材里的语文就会显得很轻松，而且一点也不会因为提前学习而丧失兴趣。事实上，除数学外，几乎所有的学科都有这样的相关背景。

变化的另一个原因是考上大学已经不像以前那样进入困难、一劳永逸、唯此一路了。成才多元化了，未来社会需要的人才，一来不依赖高考，二来大学也只能提供其中一部分。

大学还是要读的，但人才之为人才，所需的那些知识将主要不是大学课堂传授的。这一天其实已经到来，但教育这个庞然大物根本没办法转身，它依然只能在惯性作用下，继续向昨天的方向“前进”。

我相信，幸福将在未来成为人才的核心竞争力。我的意思是，不是竞争胜利带来幸福，而是幸福带来竞争胜利。因为无论是婚姻还是工作，一个能幸福的人，就是能为家庭和团队带来极大价值的人，这样的人哪怕不稀缺了，也是受人欢迎的。

与幸福力同样重要的，还有品鉴的能力、想象力，能亲自动手、化腐朽为神奇的能力，说服的能力，团结的能力（包括领导和服从的双重能力）……

最重要的一点，在未来，与众不同的差异性，将不再成为诅咒，而将成为祝福。可惜，学校教育今天不培养差异性，不培养各种基于差异性的个人能力，明天的学校教育可能依然不培养。今天不培养，是它目光短浅；明天不培养，是它无能，没法承担这样复杂的、前沿的任务。

我修改一字，把“暑假是用来拉开差距的”改为“暑假是用来拉开差异的”。我想说的是：差异性、幸福力、品位和情趣、亲和力和领导力、好奇心、探索能力……所有这些未来成功与幸福的直接元素，如果家长们在乎，那么暑假就应该是应试教育沙漠中最后的绿洲，用它来拉开生命的差异，而不必纠结于一时的差距！

同学炫富怎么办

早上，一个妈妈的求助，开启了一场有益的对话。

她孩子的舍友非常爱炫富，那个孩子层出不穷的炫耀行为，对自己的孩子构成了压力，造成了阴影。她问：我该申请让孩子换宿舍？换学校？还是怎么办？

什么样的孩子会炫富？或者炫耀父母的权力、人际等？

答曰：所有的孩子！尤其是那些还没有能够靠自己的实力在同学中赢得尊重，而又荣誉感超强，又有点家庭资本可以炫耀的孩子。

这种炫耀，在最好的时候就像是月亮，借太阳的光芒照亮夜晚——谁讨厌自己的同学中有省长、市长、科学家、艺术家、亿万富翁的孩子啊？在最坏的时候，他所炫耀的东西其实就是一根救命稻草，让这个极度自卑的人借着它可以继续体面地活下去。

每一个孩子在心底里都不甘平庸。所以，我们会在自己的姓氏中，追索遥远家族的辉煌：干国祥会不会是干将的后代？钱锋必然和钱穆们一样，是杭州钱家的后裔……

这不是病态，而是渴望对自身生命的神圣性进行确证。

只有不发展自身，永久性依赖历史辉煌、父母权力，以及物质条件来凌驾于同伴的人，才是病态的人。甚至，权力和金钱就是他自己赢得的，但只要企图靠这些赢得尊重、羡慕、敬佩，就依然是把自己滞留在了生命的幼稚状态。

什么样的生命最容易被同学的炫富伤害?

答曰:所有的同学。尤其是那些也想炫耀自身的,有着相似心理的孩子,但他们的炫耀资本偏偏不如同学。

什么样的生命轻易不会炫富?

答曰:拥有自信的人,完全靠自己本身就赢得了伙伴们喜爱的人;以及,完全承认同伴拥有超越自己的优越性,认为对方就是天生宠儿、高过自己的人。也就是说,在平衡的外表下,有些完全不同的结构:更高山峰做善意的俯视,更低山丘则从此俯首称臣。而唯有不能俯视、不甘俯首的相似山峰,才会做不息的争斗——直到上面的平衡终于实现,即或者有人实现了超越,或者有人终于学会了俯首。

孩子无处可逃——逃到哪里能够躲开这人性的“格局”?

事实上,说是换地方,最好的情况下,往往是换到一个别人不如我优秀的地方,而无法找到一个别人都已经自由、自信,能不被炫耀者伤害且悦纳他的地方。大多数情况下,只是把这里上演过的故事,改换一些情节和台词,带到别的地方上演罢了。

那么到底该怎么办?

既然是人性里的故事,其实只要不严重,那么不干预也是正常且必要的。但是,教育确实可以做得更好一些。不妨一次次在冲突场景中告诉孩子:就本性而言,谁都想高人一头,造成你看不惯对方的原因,也是对方看不惯你的原因。

虽然最理想的人际关系是彼此间“相敬如宾”,但事实上这一般不可能是现实。关键是自己必须学会对生活中的不如意人、不如意事一笑了之。只有自身虚弱的人,才会一次次吹嘘似乎是他自己所拥有,但其实并不是他自己本质的东西——汽车、父母的职务、房子……

真正自身美好又强大的人,别人一看就敬了爱了,又何须一遍遍吹嘘和炫耀?但是,自身内心强大的人,又会怎样看待别人“虚弱的强势”呢?

答案是:理解,宽容,怜悯,不羡慕,不比较,不讽刺,不追慕,不复制……

相似的处境，相似的世界，在不同人的眼里为什么不同？因为理解不同而已。所以，得在觉知上下功夫：一次次觉察自己的嫉妒、不安、友善、自信，一次次觉察别人的不安、不宁、渴望、善意。学会善待自己，善待这个世界，善待和自己一样不完美的人，世界忽然就美好起来了。

走到哪里，都是一个修炼自身的道场。道心软弱时，尽可能找更多美好者在一起的地方；仁心充盈时，光芒将照亮还在昏暗中挣扎的人。

帮助孩子翻越他的山峰

懒惰是怎么一回事？为什么孩子不愿挑战？不愿刻苦？不喜欢做作业？为什么我们不能坚持每天跑上几公里？不能坚持每天读几十页经典书籍？

在这样发问的人那里，懒惰仿佛是一种疾病，它需要治疗，而且可以被治愈。问题是，懒惰这一现象究竟从何而来？

查遍动物圈——我们就不讨论一生都懒得挪一步的植物了——似乎只有人才会没有任何目的地去跑半个马拉松！狮子、猛虎、猎豹奔跑，是为了追逐猎物；羚羊、兔子、鸵鸟奔跑，是为了躲避猎手。

鳄鱼不奔跑，河马不奔跑，乌龟不奔跑，毒蛇不奔跑……因为它们既不需要追逐猎物，也不需要逃避猎手。毒蛇饿得瘦骨嶙峋，河马胖得嫁不出去，但它们都不试图用半个马拉松减掉一点脂肪或者增加一点肌肉比例。

也就是说，对于动植物而言，无所谓懒惰或者勤奋，都是生命进化中形成的机制，快、慢、强、弱，以及敏捷和迟缓，本身没有高低褒贬，不过是不同的生命形态和生态而已。假如把人类的道德加诸动物，那么就会发现它们都很懒，如果不是为了获取食物和配偶，它们简直连动弹一下也会觉得浪费。

蜜蜂和蚂蚁，被当成勤劳的典范。可是它们却没有任何勤劳的想法：蜂后和蚁后，只负责产卵；雄蜂和雄蚁，只负责跟皇后交配；“勤劳”的只是工蜂和工蚁，但它们仿佛是生物机器，没有目标，只按着基因规定的程序，为族群中的皇后和她们的配偶，以及为不是自己孩子的幼蜂、幼蚁服务。也就是说，假如和人类相比，除非你能说勤劳的风车、勤劳的机器、勤劳的奴隶，否则，也就没法说勤劳的蚂蚁、勤劳的蜜蜂。

动物是完全遵循经济学规则的，但它们既不懂故事，也不懂教育，所以，任何眼前得不到利益的行为就都是无谓的浪费——除非基因规定了它们必须去折腾，必须去浪费，尤其是为了莫名其妙的交配。动物的交配一定是强大压力的释放，而不是快乐的享受，所以在没有性压力时，它们连这件事也懒得去做。

其实人依然属于动物，虽然他想要听故事并且相信故事，也知道教育就是针对未来的投资与训练。但是，如果他认定故事是谎言，认定训练没有效，那么他就会遵循经济学的原则，中止继续投资。

一个孩子不愿努力了，那是因为他既看不到任何即时的成果（短线收益），又看不到任何未来的回报（长线收益）。他真切、深刻感受到的，是频频的失败、无尽的羞辱，以及未来在这方面依然远不如人，依然没有成功以及收益。此刻，懒惰就是他动物智慧的自我保护，否则很可能耗尽了一切最终一无所获。

而且，正如阿德勒所说："原来懒惰的儿童正在享受懒惰的好处哩！懒惰的儿童无须背负别人对他的期望；他即使无所建树，也会在一定程度上得到人们的原谅；他无须努力，总表现出一种无所谓和闲散的样子。……许多儿童之所以懒惰，是为了缓解他们的处境。这样他们就可以总是把目前的无能和无所成就归咎于懒惰。人们很少指责他们能力不够；相反，孩子的家人通常会说：'如果他不懒惰，他什么都能干！'孩子对这种说法沾沾自喜，因为这对缺乏自信的孩子来说是一种安慰。"

阿德勒关于懒惰孩子的描述，事实上已经与他的"超越心理学"产生了内部冲突，而与我所讲的生命在环境中求得"适然"这一观点更为吻合。生命总会以最小的代价来求得最大的"适然"，所以，懒惰几乎成了一种人的天性。而我们指责某些儿童以及成人懒惰，不是因为他们付出的汗水比别人少，而是因为这样的状态是寄生的，是不自主的。对儿童来说，我们知道他们不可能在寄生状态下活一辈子，所以这种寄生状态会让成人非常焦急。

那么面对“失败的”儿童，我们该如何处理？如何归因？是批评他不勤奋且不够聪明，还是批判他聪明但懒惰？两种不同的归因会带来怎样不同的后果？懒惰而聪明确实是一把保护伞，但如果失去了这把最后的自尊保护伞，屡屡失败的孩子可能将没有信心面对这个世界。

阿德勒说：“这个富有欺骗性的‘如果句式’——如果他不懒惰，他什么都能干——使得他的毫无成就感变得尚可忍受。一旦这个孩子真的取得点什么成就，这些成就会在他们以上的说法中具有了特别的意义。这种些微的成就与他之前的毫无建树形成鲜明对比，并因此受到人们的赞扬。而其他那些一直埋头努力的孩子虽然取得了更大的成绩，受到的赞扬反而更少。可以看到，在懒惰的背后通常隐藏着一种未被揭示的‘权谋’。懒惰的孩子就像走钢丝者，下面总是张着保护网，这样他们即使掉下去，也不会受伤。人们对于懒惰者的批评总比其他孩子要温和得多，因而也不会强烈地伤害他们的自尊。说他们很懒要比说他们无能，对他们的伤害显然会小一点。简而言之，懒惰是那些缺乏自信的人的一种屏障，但同时也阻碍了孩子着手去解决他所面临的问题。”

阿德勒的这段话，确实是心理学家极其敏锐的洞察。但我得警告：当我们说一个孩子是愚笨而不是懒惰的时候，这等于是对一个孩子判处死刑。而说他是懒惰，哪怕是判处无期徒刑，也仍然有赦免的可能。所以，骂孩子懒惰是没有用的，而骂孩子愚笨，似乎伤害更大！

骂孩子懒惰，后果就像阿德勒所说的那样：“我们只要考察一下当前的教育方法，就会发现这些方法恰好满足了懒惰孩子的期待。人们越是责备一个懒惰的孩子，就越是正中他的下怀。因为人们要整日为他操心，喋喋不休的责骂转移了人们对他的能力问题的关注，而这正是他所满心期望的。”

骂孩子愚笨，则像我说的那样，无疑是直接宣判了孩子死刑！那么就无路可走了吗？什么话！前面两种方法的错误，在于它们都是骂，都是指责，而最好的教育，则是帮助孩子取得成就！

一个孩子在屡屡被责骂中仍感到适然，因为这是对他生命的一种最低的肯定。

同时，他也确实会因避开了真正的问题而心存侥幸。但是，这并非他满心期望的，事实上，在这样的处境下，他仍然有不同程度的焦虑与恐惧，他知道他必须证明，他不能靠"聪明但懒惰"的标签生活一辈子。

如果成人没有给予他必要的帮助——我们知道，他的失败主要不是因为懒惰，而是因为他遇到了自己无法独立解决的困难，但是，这困难并不是他永远无法独立解决的（这也就是我们说他聪明的原因），现在，他需要的就是有人帮助他克服困难，证明他确实是聪明的。到这时候，懒惰之症就会自然而然地消失，他会因为取得成就而变得空前地勤奋起来。但是，只要没人帮助他克服眼前的困难，他就宁愿躲在"聪明但懒惰"的这个较好一点的伞下，不会出来冒险，否则他会被判处死刑——愚蠢。

症结不是懒惰，而是困难。责骂与惩罚可以刺激一下懒惰的状态，但是不能医治认知上的困难。孩子们需要的只是一点又一点的成就。意外的成功也罢，一个不再只是严厉地批评，而是实实在在地帮他克服困难的老师也罢，一旦他克服了障碍，获得了成就，那么前面所有和"聪明"有关的评语，他都会努力去兑现。所以，请记住：千万不要对孩子说他天性不聪明。因为这是判处死刑。而说他聪明但懒惰的评语，虽然本身不能解决问题，而且会导致问题解决的延滞，但是，它仍然保留了问题解决的可能。懒惰的孩子至少在一点上确实是聪明的，他知道不要做无谓的浪费、无谓的牺牲。生命本性就是懒惰的，除非他看到了极大的收益：跑动一阵，获得午餐，或者美女俊男的青睐，或者长者的赞扬。

如果生命本性是懒惰的，那么一切伟大的创造从何而来？

首先是因为快乐。如果人从劳动、学习中获得了快乐，那么一切艰难都不叫艰难，而叫延迟了的快乐，而人类获得快乐的机制已经被如此设计：挑战难度越大，最后获得的快乐就越大——所以电子游戏才如此有吸引力。其次，是为了满足懒惰本身。车子免除了我们跋涉，电梯免除了我们攀登，豆浆机、果汁机、绞肉机减少了我们的嘴巴咀嚼的辛苦，电话和网络让我们足不出户就能链接全世界……我们培养起来的后辈们，一代比一代更懒，他们不需要像先人那样浪费了无尽生命才能温饱，才能获得交配权，而可以用更多的精力去游戏。而游戏，就是目的尚未明确的创造雏形。

总结如下：

帮助一个孩子成功，那么一切看似艰难的事情，都将快乐得像游戏。

不断给予正面反馈，一切无聊的事情，都会变得生机盎然。

游戏之所以得到欢迎，不是因为它好玩，而是因为它需要克服困难；但也一定能够克服困难，所以才好玩——学习和工作如此设定，也将一定会很好玩。

当人们工作和生活像玩游戏一样投入时，或者说当游戏有了目标与方向时，创造也就诞生了。

懒惰，是本能，不是病。不过唯有冲破这层本能的自我保护，生命才能飞翔，才能快意人生，才能酣畅淋漓、淋漓尽致。

最重要的一句：一个孩子懒惰，那只是他遭遇了困难的山峰而自己没法翻越。

小桥音乐会的意义

昨日看了内蒙古罕台新教育实验小学第66期小桥音乐会的现场直播，有友人评点说：一年级孩子唱得不够好啊，五年级孩子的舞蹈基本功不够扎实啊……

凭事实说，他们对节目的点评都正确！

但这样的点评里没有教育学上更成熟的思考，而且可以说，正是我们日常教育中时时进行着类似的点评，才使得我们的教育限制了孩子的想象力，并把我们的孩子束缚在对技术的恐惧或炫耀中，进而，艺术或体育只成为少部分人的享受，同时却成为更多孩子的灾难。

唱得不够好，所以你就没资格上舞台丢人？

跳得不够好，所以你就不应该上舞台现眼？

长得不够好，所以你就不应该有上舞台的念头？

一所学校的舞台是为谁而设？它的作用是什么？

在中国的大多数学校里，每学期或每学年都会有一两场艺术演出，能上台演出的，是十里挑一或百里挑一的天才、精英、训练有素者。其他的学生也并不是真正的观众，因为演出的对象与目的不是他们，而是领导，是家长；他们，是落选者，是旁观者，是按照指令鼓掌者，是路人乙（是的，他们甚至连路人甲的资格也难以获得）。

而南明教育及“全人之美”课程的理念则是：毫无例外地每一个，每个孩子自身就是目的，他们有权利享受生命每一方面的美好，无论有没有天赋，他们都有资格享受歌唱、舞蹈和器乐演奏……我们有义务为他们的每一次进步鼓掌，但没有权利用外在的标准，用天才儿童或专业演员的标准，说他们如此幼稚，没有天赋，不是这块料。

是的，这就是南明教育小桥音乐会的原则，或者说“奥秘”：它是孩子们的舞台，通过它，每个孩子都是主角，都是明星，都是艺术的享受者、实践者、创造者，是美丽生命和美好生活的发现者、呈现者……

小桥音乐会，是“全人之美”课程的重要舞台，它属于每一个孩子，属于每个孩子成长的任何一个阶段。所以，小桥音乐会是每周一场，在每个学期里，每个孩子至少有四五次机会走上舞台，无论他或她有没有天赋，长得美不美。但是，为了走上这个舞台，他或她必须努力，必须训练。所以，小桥音乐会是一条道路，而不是一个终点；是一个大广场，而不是小舞台。

我亲眼看到，一所农村学校中，从仅仅只有一个城里来的女孩会非常简单的舞蹈，到每个孩子都热爱舞蹈，并且其中有天赋者脱颖而出——但他们的脱颖而出不是成为舞台的独霸者。我亲眼看到，不认识简谱，从来没碰过乐器的这些孩子，慢慢地学会吹奏，学会吉他弹唱，学会用声音和乐器传达自己内心的悲喜。

你看到的是外在的标准，它是静止的；我看到的是永恒的成长，它是流动的。标准总是应该有的，那就是：你比上一次更美好、更美丽吗？如果不是，那就努力在下一次让自己亮起来。

青春啊，请憧憬你的一生

现代人，尤其是学生，在学校期间，已经被时间表规划得成了现代人——而不是自然人、古典人、自由人。

同样是学绘画、钢琴、舞蹈、诗歌，乃至探索自然和宇宙的奥秘……在古典时代那是博雅教育，是一个人对生命完整性的体验；而在现代社会，却都只是单项竞技，是和别人比快慢、比高低的淘汰赛——胜利是唯一价值，所有技艺仅仅是一决雌雄的斗兽场。

时间表是生命的一件紧身衣。远古“日出而作，日落而息”，那是过于宽松的旧袍子。今天的教育科研已经在课堂上成功地控制到分和秒——但是否因此控制了生命得以精细锻造？这可能言之过早。才脱下紧身衣一两天，就急着为假期再制作一张很紧密的时间表，这样的自我异化（现代化）是不是值得？值得深思。

万事皆须筹备、计划、酝酿；唯生命，切不可用外力规划。

生命可以也应该自我规划。但成人以自己的生命履历，以自己的天赋和爱好，以过去时代（今天就是未来生命的过去时代）的成功标准来强行规划一个孩子的生命，这不过是在复制过去。它胜过教育上的不作为，却无法应对急剧变化的时代，更不能把孩子培养成为未来的积极创造者。

假期来临，成人最应该做的是，点燃孩子的生命——尤其是被那件紧身衣压迫掉的梦想、热爱、探险……还应该做的是，提供给孩子深度体验的机会和资源。音乐会、歌剧院、游学团、研习营……行万里路，读教科书外无穷无尽的万卷书，看这一年是不是有因为紧身衣的安排而错过了的好的影视，值得美美地补一补？成人提供的，应该是淘汰了劣质品之后的精神富矿，但不是安排孩子的一生，因此，也不必盲从着规划孩子的暑假，为暑假打造一件仿制学校教室的时间紧身衣。

在无穷无尽的丰富中，在不再被紧密安排的自由中，青春的生命应该开始自己的一生之梦。是像曹操这样的英雄，还是像孔子或王阳明这样的圣贤？是像李白这样的飞扬跋扈，还是像王维这样的雍容大度？所有在人类历史上留下显赫名字的人，他们的名字都是一块生命的纪念碑，都是人性优点和缺点淋漓尽致的发挥。

也许，因为命和运，我们将最终只是一个凡人，但唯有憧憬过巅峰和不朽，并为之努力过的人，才不曾完全放弃了生命的尊贵——所谓的平凡中，依然有着人性的骄傲和高贵。是的，父母们应该对自己的孩子有更高的期待：不只是能考上更好的大学，而是在孩子生命深处，有着无穷无尽的可能性，有着和英雄以及圣贤们相似的潜能。我们的教育一边在启发他们生命潜能的展现，一边在让更多可能性永久性地丧失。

这是一种怀着敬畏的高期待——即使他没有顺利考上心仪的大学，即使他连工作也未必顺利找到，即使他创业屡屡失败，只要他依然没丧失对自己未来的信心，你依然得相信生命并未失败，依然充满可能。何况，现在还只是小学和初中，他仅仅是在展示了自己优秀的同时，在某些方面不如别人更有天赋，或投入了更多的时间——真值得也去投入吗，为什么？

更高的期待，应该是超越分数、期待知识，超越知识、期待能力，超越能力、期待心性，超越心性、期待人格，超越人格、期待贡献。

他懂得了应该为世界做点什么，知道了自己可能为世界做点什么，那么一生最终就必不失败，必不平庸，必然幸福圆满，成就自我。如果说学校通过紧身衣锻造着现代人的标准动作，那么请在每一个珍贵的假期，帮他找到独一无二的自我——那个站在未来的光辉身影。

青春的激情也许会随岁月消失，但其实它只不过沉淀下来，成了一块文明人称之为文明的基石。

第四辑

信仰之路

一份迟到的沉思

在连日忙碌的恍惚中，我（居然铁皮鼓等人也一样）在心里一直把今天（5 月 11 日）当成周六，把明天当成了周日。于是，迟到了周五的哲学授课之后，居然又错过了周日的沉思……

此刻，经过几个小时的休息，灵魂又逐渐回到窍壳，一些念头又慢慢地成长为想法，想法又结淀为文字。也许这疲惫的身体不足以把五天来蜂拥的念头都诉诸文字，但我清楚，错过之后，它们也许将永远地消散在岁月中。

所有疲惫的人，都为自己找个宁静的港湾，进去歇歇吧。泡上一壶新春的茶，闲适整整一个下午，只和知心的朋友，只和家人，放下梦想的沉重，享受生命中美丽的余暇。生无所息，这只不过是自然呼吸中的呼气吸气的一个环节，是精神的白天和黑夜轮回中的一个时段。不必负疚，更不必担心在灵魂的重负得到释放之后，精神还能不能在下一个黎明再度焕发。放下，把自己放在一壶春茶中，放在一支青城后山的古筝曲中，放在寺庙的梵唱与钟声中，放在初夏愈发浓密与狂野的绿色田野中……当然，如果你像我一样，甚至一本诗集，一本哲学，都可能使灵魂抵达宁静与舒展的时空。让我们暂且歇一歇吧，这夜多么宁静祥和，满天的星斗和地上依然未熄尽的灯火交相闪烁，此刻多么安详美丽啊。

如果确实需要，我们可以在那里待得足够久，久到我们自己能够感觉到力量又开始在体内涌动，我们又想唱出那支几乎要被遗忘的歌，那生生不息的太阳之歌，白日之歌，生命中叫作事业的歌。

然后我们再来想想，究竟要以怎样的方式，才能突破那存在的蒙蔽，让生命如此明亮地显现在世间？

在银河小学的这几天，通过电影诠释的伟大故事，通过那些明亮者的自我叙事，我们越来越明白关于生命叙事的一个奥秘：除非我们不把职业中的事务看成是完成一项平庸的任务，而视之为一件挑战自我，一项挑战不可能的重任，生命的潜能才会得以激发，生命才会在这样的事务中找到自己的尊严与意义。从而，它将调动起能量，汇聚起力量，汇聚起智慧、勇气和激情，去完成这个不可能，去证明自己配得起别人的尊重。

就像《热血教师》中罗恩·克拉克对那位认定孩子们不会有什么出息，但却依然想要一个稍高一些分数的校长所说的那样，你为什么不把标尺放得更高一些，为什么只向他们要一点分数，而不是要一个奇迹，要一个他们从未有过的高分呢？因为只有后者，才能够得到世人的尊重，才能够让生命觉得自己确实在经历一件有价值的事。

真是巧，在看电影的前一天，我在一所小学里参观，和校长、老师们讨论晨诵的问题。年轻的校长想让老师们坚持把新教育晨诵做下去，他不仅坚持全校性的检查、推进，而且还尽可能地降低了晨诵的频率（也就是数量），他想，如果每星期做一到两次，那么大家应该能够坚持下去吧。

我说，是的，如果要求每星期做一到两次，而且校长还坚持全校性的展示和检查，那么这件事确实将能够坚持下去——勉强地，例行地，没有激动与兴奋地，虽然偶尔会有美妙时刻，但很难有诗歌在生命中起到质变的那种神奇效果。但是，如果你是要求老师带着孩子们穿越不可能，不拘于早上这个时间段，每天用十五分钟，坚持一天一首，利用一个学期或两个学期，把一个诗人的一部诗集全部记下来——有感受的，有初步理解的，通过吟诵并且背诵——那么你将看到奇迹在教室里诞生。

他们将会觉得，自己所做的，原来是那样了不起的一件事！利用每天一个间歇，他们居然得到了比语文教材更为丰盈与美好，事实上也更为厚重的精神材质，他们居然真正地穿越了一个敏感的灵魂，呼吸到那动听的语言，啜饮到那珍贵的文字。孩子甚至会在学到半部诗集的时候，开始在自己的笔记本上创造一些“长短句”，如果他们有足够的教育敏感，那么那些就是生命的伟大诗篇，他们应该用相框把这个笨拙的点装饰起来，郑重地挂在教室的墙上。于是，老师赠予了一个诗人，而收获了一群小诗人。（读不明白这句话的，请读一读绘本《点》吧。）

我说的只是比喻，我们阅读诗，并不是要求孩子直接地去写诗，不是让他们把当诗人作为自己的人生追求。但是此刻，如果他们因此而有这样的梦想，这岂不意味着诗歌已经真正地进入了他们的生命，我们的教育取得了真正的最深的效果？

就这样，在低幼的时候，穿越整本儿歌集；在中段，穿越金子美铃或斯蒂文森或天真一些的中国诗人；而到了较高年级，可以带着他们穿越整部《唐诗三百首》，穿越“农历的天空下”，进而穿越泰戈尔，穿越纪伯伦，穿越《论语》《孟子》和《道德经》……

我知道，你一定已经在说：疯了，这不可能！

是的，我们总是一边说着要相信生命的潜能，一边又和那位校长一样，做着并不相信生命中有奇迹的事情。但是为什么不学一次罗恩·克拉克，去向孩子们承诺一个奇迹，哪怕坚守一年半载，只为创造一次辉煌呢？也许仅仅因为那次穿越，你对职业的理解将完全质变，你将获得一种生命叙事的视角，来重新看待生命。而孩子们，将因此拥有他们的奇迹年，他们的十岁或十三岁的岁月，将因你的一个承诺，而变成改变终身的成就之年。

穿越一本诗集，可以是一个有待实现的奇迹。穿越一本《绿野仙踪》或者《彼得·潘》，也同样可以成为奇迹：如果你们以舞台剧的方式，甚至是用英语表演出来。如果你们的教室，在整整一个学期的时间里，成为奥兹国或永无岛的神奇世界，你们的随笔，就会有一条清晰的主线：探索自己是谁，寻找那自己最想要的，或者让某个领域，确实因自己的来到，而变得活力四射……

但原本应该同样神奇甚至更为神奇的一件事，却因为一个叫“舞台公开课”的魔鬼，和一个叫“应试”或“只要分数”的妖怪，而变得越来越面目古怪，味道恶劣了。

你知道我讲的是什么，但其实我想说的不是“课”或“课堂”，因为这个名字本身也让你受蒙蔽，我想说的是学科课程。当我说“学科”，这意味着在那个中心，应该有伟大的事物——人类精神的结晶；当我说“课程”，这意味着它不是课堂上的表演，而是一段完整的旅程，是穿越一个长度的学习。

知识，有待被我们唤醒；我们，有待被知识唤醒。

知识总是明亮的，但因为我们的倦怠以及不诚实，它们已经蒙尘——而这尘垢，更多的时候，是那硬生生加进去的情感与诗意，是那硬生生加进去的形式主义，譬如学生主体，譬如小组合作，譬如生成性学习……

给我一个真正的课堂（作为课程的一个点的课堂），一个让孩子们对伟大事物越来越理解的课堂，一个让孩子们越来越卓越的学科课程，而不要让任何概念先蒙住自己的眼，进而蒙住孩子们原本明亮的眼。

进入网师，意味着你将接受一个简单的真理：你必须比你的学生懂得多得多，你必须能够把知识的美妙，从冷冰冰的教材中唤醒，你必须拥有这魔法——如果你也不曾具备，那么你怎么可能要求你的学生能够通过某个简单的形式获得它们呢？

而网师，确实比这个还要困难得多，它几乎会挑战你所有的成见。譬如，你会在不明白为什么的前提下，去艰难地穿越哲学课程——可是除非你真正穿越了哲学课程，否则没有讲师可以告诉你为什么必须穿越；同样，你以为你明白心理学课程的意义，但其实，也只有在你真正穿越了心理学课程之后，你才能明白它的价值。

我来时，案头服务员送来的鲜花已经萎谢，我的故乡之行又即将结束了。我们这群在大地上奔走流浪的人，又要去下一个宁静的港湾或者激烈的战场，遭遇新的明天。我想我们可以要求自己：唱出一支生命之歌，在它最终枯败之前。

而这个“特殊周日”（电脑说今天是星期二）的黎明，又将从窗帘外的地平线上渐渐升起。此刻，站在十七楼的窗口，这个美丽繁华的江南城市已经灯火阑珊。而一个叫网师的QQ群里，依然有星星点点的头像在闪烁。

是谁昨夜无眠，为谁守着一个不熄的梦？

卢安克，他只是贪玩，而不是爱心泛滥

昨天，为自己写了篇五十岁生日的文章，一些留言里的表扬让我想起了卢安克。

不见卢安克十多年了，他最后一次发我的电子邮件，我可能当时处于极度冷漠期，也没认真回复。但我一直认为，也许是因为相遇时的特别视角，也许是因为我和他多少有些同病相怜，我可能比大多数赞美他的国人更理解这个德国版的“痴且不狂”。

我们相遇的第一次私下聊天，他就说：我就是觉得好玩，不是因为品德高尚，来奉献爱心……可惜，二十年来，国人有几个把他看作单纯好玩的德国小伙？有几个没把他看成教育界的白求恩大夫？

在大多数国人眼里，教育是一件艰苦的事情，和调皮孩子生活在一起是一件艰难的事情，到山沟沟里去生活、去教书是一件人生失败的事情……所以，本来可以不去，却居然去了，还生活了很久的人，一定是道德上的标尺……卢安克如此，我们当年在罕台生活整整六年也是如此。

我们的快乐，教育的快乐，在他们眼里只剩下苦，以及道德上的牺牲。

对于人生及其价值，其实大多数国人已经有了标准答案，而且是统一答案。甚至，假如大家能够获得事实真相，那么海子也罢，孔子也罢，徐渭也罢，凡·高也罢，一律都是人生的失败者——除非把他们理解为自觉的牺牲者，基于道德的奉献者，否则他们就都只不过是求而不得的可怜虫。

国人眼里，没有成功以外的人生标准，也没有成功以外的意义价值。即使时不时一本《瓦尔登湖》拿在手里，那也多半只是装点，有谁真这样去生活，倒多半是要被看成失败或者不正常的。

许多人羡慕陶渊明，不过是羡慕他诗句里的悠闲，却压根没有真正考虑过：陶渊明究竟放弃了什么，选择了什么？基于这样的抉择，他需要承担什么？以及为什么那么苦他却还要继续承担！其实，痴迷某事、对喧嚣的恐惧、对安静或者自由的执着……这些都是病，和洁癖、自闭症一样，都是很难治愈的病，与道德无关。

2006年，我们和无锡灵山慈善基金会联合去贵州某地支教。刚开始，批判者就发声了：游山玩水的又来了！但我就觉得游山玩水没什么不好，没什么不对。所谓支教，其实也不过就是去教育交流，把东部地区的一些教育做法，展示给山区老师，若有启发，那也就是功莫大焉。结果呢，这个地方的善缘，便因为对快乐姿态的怀疑而没有结成。后来呢，附近另一个县热乎乎地把我们截流过去，因为他们觉得我们推行的儿童阅读、绘本童书，乃至课堂都很好玩，能让孩子喜欢，让教师动心……

好吧，我们就是去游山玩水、做教育游戏的，怀着丰盈的喜悦，从没有灌输的变态……

只用道德的眼光评判教育，一本正经，道貌岸然，这样一点儿都不好玩！有些老师被评为教育家，除了象征意义，就很难再有创造的活力了，而卢安克其实恰恰是拒绝被评价的少数，道德的尺度正是卢安克们最先需要提防和拒绝的，否则被异化的命运必将难免——别人赠送的美德就像个大枷锁，会慢慢夺去他们对事物本身最初的热爱。

所以，你不妨这样去看卢安克：

他没有饥饿的童年，不害怕我们心底里深深恐惧的未来、不确定性、强大母体的可能瓦解……

他爱远方胜过家乡；

他爱山野胜过城市；

他爱安静胜过喧哗；

他爱角落胜过舞台中心；

他爱泥土胜过塑料、玻璃、钢铁；

他爱自由自在胜过承担家庭责任；

他爱快乐本身，胜过未必能买到快乐的纸币；

他爱孩子胜过成人；

他爱和孩子一块游戏，胜过他那时能想到的所有其他事情；

他爱自己的感受，胜过别人的评价……

是的，可以说，这就是一个最自私自利的人，一个以自己为价值尺度的人，一个以自己的感受、自己思想和精神的成长为最高尺度的“异乡人”，当下我们社会流行的人生观、价值观，不能准确测量这样“歪歪曲曲”的人生。

寻找并担当你的天命

在岁月中，我们终将站成一棵树。

没有过多的骄傲——但是，当满树的花儿散发出它们的芬芳时，树的内心，一定充满了无言的喜悦。

近来一下子购进半万元的哲学文学神学书，看自己在一年中，能够吸收多少。巨大的桌子上，堆满了书。这两个月来一直闭关，阅读啊阅读啊阅读啊，就像树在人类躲进空调的房间的季节里，在旷野里尽情地吸收着阳光。

经过内心的挣扎之后，人总得走向一种悟——就像基督徒那样，凭信而存。在这个过程中，自性的成长也非常重要。否则永远只是轮回宁静的波谷，在不久之后，重回痛苦的浪尖。但自性的增长，能够使人更从容地面对一些事。

我们的学习，不能只是量的增长，到一定的时候，需要质的升华。像禅者悟禅，佛者参佛，基督徒在内心中印证基督。

什么是自性的成长？自性，就是生命内在潜能的发展，精神与灵魂的协同成长。

孔子也是肉体，但他的自性，已经成长到堪称圣者的境界——耶稣也一样。甚至凡·高、尼采，也属于自性的成长，只可惜有些局部发展，不够平衡，于是在靠近太阳的时候，烧毁了自己。

为什么他们的自性，能达到这个境界，而俗人不行？

因为一愿不灭，一念不熄。“愿”即种子，而岁月中的信，即念念不息。

孔子“敬鬼神而远之”，但他相信天命、承担天命、以身敬命。其实苏格拉底、佛陀、耶稣都是。

我们的使命，若只体现于班级，那么放学了，使命便暂时消失。放假了，使命就暂时中断，毕业了，使命就告一段落。我要说，这还不够。

只有将最终的天命认识清楚，并在自己的全部生命中体现这个天命，敬奉这个天命，才能让生命达到至高的境界。

世俗之人，如何以身敬命？这是生命的最高境界吗？

没有世俗之人。每一块木头里，都隐藏着一个佛——如果你把多余的木头去掉。世俗是后天的，圣贤也是后天的，它们都不是先天的，都不是必然如此的。世俗是后天的环境加选择所形成的，而成圣成佛，也同样是自己选择修炼而形成的。悟的是你，没悟的也仍然是你；悟与不悟，都只是你。

怎么理解天命？如何悟出天命？

在自己的处境中，发现自己生命最大的可能，它的实现，即是天命。——无论方式是沉静的，还是激越的。

如我，把践行新教育视为天命，因为它是我生命最大可能的实现。我经商也许会成功，做学术也可以，但这些都不是生命最大的可能。它们或只是小小的欲望的满足，或是对世俗标准的屈从。

而天命是一种至高的创造，它只能是一种诗意的创造，而不是标准化生产，因为世界的希望在于创造、诗意、和谐。

把一个班带好，这是使命，但还不是天命。促使你把班级带好，带到卓越的那个“因素”，才是你的天命。它会贯穿于你生命的所有地方，所有时间，它是生命终极的回答，也是人生第一问题。

寻找与回答它，都需要足够长的时间。是的，就像泰戈尔所唱过的那样——

我旅行的时间很长，旅途也是很长的。

天刚破晓，我就驱车起行，穿遍广漠的世界，在许多星球之上，留下辙痕。

离你最近的地方，路途最远。最简单的音调，需要最艰苦的练习。

旅客在每一个生人门口敲叩，才能敲到自己的家门；人要在外面到处漂流，最后才能走到最深的内殿。

我的眼睛向空阔处四望，最后才合上眼说："你原来住在这里！"

这句问话和呼唤"呵，在哪儿呢？"融化在千般的泪泉里，和你保证的回答"我在这里！"的洪流，一同泛滥了全世界。

这也许就是一个人悟得之后的感受，我二十八岁投身于教育时，就恍如此诗——当时我就读着这些诗。

原来你就在这里啊，可是我却苦苦地寻找了那么久。

原来生命最深远的意义，就在我的教室里啊。

原来教育，可以如此美妙神奇扣人心弦荡气回肠啊。

其次不是一次完全彻悟，而是一次次地彻悟，一次次地回到这首诗。

也许，属于你的天命是，让教育真正地像一首诗：纯粹，美好，回荡着岁月美妙的回音。但这很难，因为现在普遍的情况连散文也称不上。

所有的吉檀迦利，是一首诗。只有一首诗。一首献给上帝、道、天命、神灵的诗。一首向死而生的诗，一首歌唱着走向死亡的诗。

不是哪一首，而是只有一首。整个吉檀迦利是一首诗，而不能读作无数首不相关的诗。泰戈尔失去妻女并不是写成此诗的原因，这种伤痛只是让一个人获得一种契机，让他的生命宁静下来停顿下来沉淀下来。但是，诗的本真，与此无关，诗的本质，是源于生命的"献""歌"，是"敬""诚""爱"，是对生命与死亡的永恒的牵念。

教育，是有志于教育者的诗篇。

全人之美，是我们这群人的献歌集。

筑造·劳作·栖息·歌唱

从2007年到2010年夏，我们一直清楚地知道，真正意义上的“新教育实验学校”至今还没有存在过，真正的学校文化层面，整体的学校层面的新教育实验，现在都还只是在修修补补的阶段。拥有完整而纯粹的新教育实验学校这件至关重要的事，却还只能靠着一次次外在的辉煌，悬在半空中。但如果再这样下去，那么拼尽时间后，我们将最终只是制造了这个时代众多教育泡沫中又一个巨大的、彩色的泡沫。虽前所未有的巨大和斑斓，却依然会一声轻响后彻底消失。

所以差不多和桥西年会的筹备同一时间，选址于江苏淮安的“芦滩小学”也在筹备中。对研究中心的成员来说，这后一件事更重要、更美妙，也许大家克服许多困难等候着的，就是这样的一片教育沃土吧。

我是个典型的江南水乡人，喜欢水，喜欢鱼虾，喜欢游泳，喜欢满目的青山和碧水，所以淮安的芦滩小学虽然没有山，但近一半的水域面积，让我怦然心动，向往不已。

但突然因为人事变故，我们不得不放弃南方园林式学校的梦想，仓促受邀前往内蒙古鄂尔多斯东胜，去考察办学的可能性。

最终，我选择了一所也许在当地是“最边远落后”，或者说唯一边远落后的农村学校：新世纪小学。东胜教育局承诺，明年在附近盖起漂亮的新大楼，学校就叫“罕台新教育实验小学”。

2010年8月，我们带着酝酿了很久的新教育课程，逆着候鸟的季节，赶在秋风起兮之前，赶在9月1日来到之前，一行十余人（大大小小，老老少少），赶到了一个叫罕台的地方——这地方以前叫罕台庙乡，刚刚改称罕台镇，而我们的学生，有一半来自泊尔江海子乡，刚刚改称泊江海子镇。

我们接下了新世纪学校的一、二年级，和新世纪学校的老师们共吃共学共教共同生活。从此，为了写下明亮诗句的第一行、每一行，这群人废寝忘食，在东胜教育局和新世纪学校老师们的倾情帮助下，克服别人难以想象的重重困难，辛劳筑造，只为那宁静的栖居，真诚的歌唱。

我们的理想一直只有一个：秉承新教育理想与理念，创造一所超越帕夫雷什中学的学校，创建一套和华德福教育不同，有其完整和谐但追求卓越的新教育课程。

但我们接手的孩子，恰恰起点非常低。二年级两个班不足60人，由3所小学的一年级孩子拼成，至少有6个孩子一年级没有分数，其中有好几个数数数到3以后就会出错，识字量几乎为零。在充分了解问题的成因后，我把这种现象称为“教育狼孩”。一年后，我在一次问题学生分析研读会上总结说：“狼孩现象三期：第一期，母亲缺位，家庭环境闭塞，交流对话困难，智力氛围恶劣，人际冷漠疏远；第二期，幼儿园和小学一年级的初始学习失败，陷于恶性教育学循环；第三期，学习失败与道德不成熟交互影响，出现反社会倾向或以失败者角色自居。我们无法改变第一期，但完全能在第二期让孩子进入良性教育学循环，避免出现第三期恶果。”

一群日日与水与鱼为伍的南方人，到了北方的农村，其生活之不适、内心之艰辛可想而知。又不断地停电、停水（每天来自来水的总时间不足半小时）、停暖，冬天，有时在零下20℃的操场上，带着孩子们做操跑步……

然而这一切没有改变我们的初衷。我们完全地为这些孩子改造了课程，二年级，重新从儿歌和实物数数开始进行教学，每天坚持晨诵、午读、习字，孩子生日的时候，为他送故事，写诗，期末为每个孩子颁奖……更重要的是严格地遵循了我们的教育伦理和教育理念，让每一个孩子在学习中赢得成就与尊严。

与此同时，我和建筑工人一道，开始了新校园的筑造与构想，在一片空地上，慢慢地一所漂亮的新校园的雏形显现出来了。

一年又四个月后，孩子们已经阅读不止二三百本书（大多数是绘本，有些孩子则已经读了几十本全文字书），每天的阅读活动已经成为一件自觉而快乐的事；他们还利用晨诵记诵了两三百首的诗歌；他们觉得学校比家里更美好，觉得学习真的是一件美妙的事。数学平均成绩，二年级比原来提高 20 来分，一年级第一次不再有不合格的学生，平均分在 90 分以上……每个孩子，开始掌握一种简单的乐器，开始创造自己的诗歌和童话……

而这仅仅只是一个起点，这一年多来我们所做的一切，还只是在偿还孩子在幼年和一年级应得的那些。真正卓越的新教育，必须在偿还清这些欠债之后，用三四年的时光来雕刻一朵教育的玫瑰。

我们清楚地知道，如果不是为了创造奇迹而且确实将创造出奇迹，我们来到这沙漠与草原接壤的地方，就显得非常离奇与可笑。我们找遍大地，只为寻找一寸能够播种理想的地方，无论它在高原还是海边，沙漠还是山沟，城市还是乡村……然后我们终于来到这里，命运把一群可爱或可怜的孩子交付给我们，这是我们多么大的幸运。

对我来说，新教育只是一个个实实在在具体的人，一件件实实在在具体的事，只是一个个或平淡或精彩的故事。从 2006 年到 2012 年，充满了波澜起伏，虽然经常疲惫到透支身心，但内心毕竟有两个字：无悔。

真名师，必定是稀有植物

这个标题有个故事。2019 年 10 月 3 日，杭州谷里书院首届息机静读第三日，雪野老师讲童诗创作——二、三、四年级的孩子写的，那些最本真的童诗。

雪野老师说，他爱植物胜过动物，觉得自己更像是一棵安静的植物。他说，想必现场的干国祥兄弟，也会有一样的感受。正好我手头拿着海德格尔的《尼采》(上卷)，于是就上台，请雪野兄读书中引用自尼采的一句话:“哲学家是一种稀有植物。”全场愕然，哗然。但这并不是偶然，若不是这样回应，也必将有实质相同的另外回应。

很久以来，我觉得自己就是一棵躯干长满了苔藓的老树。我和雪野兄，都有各自深爱的土壤，或者说，各自扎根的大地。进一步讲，任何一个思想着的人，或任何一个有志于教育，愿意在教育某个领域创造出精品，并因这种创造、因对世界的赠予，而赢得回响的人，都首先应该试着去成为某种稀有植物。

我的同乡何夏寿兄，不必讳言，乃是一个残疾的代课教师。但是他把对童话、戏剧、散文的热爱，几十年如一日带进教室，带进学校，最终在寂寞很久很久之后，又带到了全国性的舞台。而在此前，他已经成为特级教师、名校长……

去年，是雪野兄从事童诗创作和童诗教育三十周年纪念年。与会者大多感慨，这个世界有多少人能十年、二十年扎根于一件小事，很小很小的事，把它做到极度的精致，做出前所未有的美妙？是的，这就是一种稀有植物的生活方式。

扎根、大地、稀有，这是“因教育而成家”的三个要素。

我提出的教育格言中，可能传播得最广的八个字是“相信种子，相信岁月”。“相信岁月”，说的是“慢的艺术”，也就是“植物”，也就是“扎根”。

这是个空前浮躁的时代，教育创新几乎已经成了一种急性传染病，每年不提出几个新概念，不跟随、不更换一个新模式，很多人会觉得恐慌，害怕自己落伍，害怕自己被时代淘汰，害怕自己不过是在坐井观天、闭门造车！

想清了所求，找对了方向，闭门造车又如何？唯这样的闭门造车，才能制造出最好的车！

但是谁还记得扎根的艺术？扎根，是教育事业得以成功的必要保障，如果没有真正的、持久的扎根，这些换来换去的新词语，乃是对教育事业的轻视、鄙视、蔑视。

大地，这是一个被遗忘很久的词语。大地与天空的对峙，是精神世界之为精神世界的必要张力。大地承载着历史的沉重，但也蕴含着无数富有生机的种子，深埋着文化与文明的密码。我们所扎根的事业从哪里来？我们扎根的大地是什么？我们是否把根系扎于大地？儿童真实的生命，可以是教育的大地；民俗学，地方志，一个民族的起源，一个国家的全部故事……它们都可以是教育扎根的大地。我本人更愿自己能扎根于汉语和汉字，扎根于文化本源，它曾经绽放出诸子百家和唐诗宋词，它也是一切神话和历史的根源……

稀有，这需要对生命本质有所领会：创造总在边缘开端，而一切盲目追风，都不过是推动生命浪费掉一次又一次的激情。但稀有这个词语也最容易引发误会，仿佛少的反而就是好的，就可能占有未来。并非如此。稀有，也就是稀缺性，它指向任何一个时代所流失的骨质与血液。我相信，我和团队的兄弟姐妹们在 2004 年提出“深度语文”，在 2005 年提出

“毛虫与蝴蝶——儿童阶梯阅读”，提出先故事、后拼音，在2006年提出“读写绘——儿童早期读写整合”，以及同年提出“晨诵·午读·暮省”，在2007年提出“在农历的天空下——24节气诗词与文化之旅”，提出童话剧，在2010年提出“全人之美”课程（以身体、艺术、智慧和人格为四类二级课程，以国家教材系统为三级课程）……所有这一切，都是在教育实践中真切地感受到了那些稀缺。但是，太辽阔的大地上，蔚然成林需要许多同道前来汇聚，需要大家彼此遥相呼应，又各自深深扎根，才能形成一种生机勃勃的教育新气象。

我的师长中，周一贯和朱永新两位老师，是扎根于各自所属大地的榜样；我的同乡中，王崧舟和莫国夫是扎根各自所属大地的榜样；我的朋友中，郭初阳、王开东、窦桂梅、薛法根、徐冬梅、霍军、张齐华、徐斌、夏青峰、华应龙、周益民、张祖庆、蒋军晶、陈琴……那数十个闪亮的名字，都以自我隶属的方式扎根于不同的大地，针对当前时代的某种稀缺，长成一棵棵开花的树。

我并不总是赞同他们的主张，甚至明确反对某些个主张与行动，但我敬畏他们一生扎根于某事的方式。对峙，比对话更能促进一个时代的精神成熟。

微斯人，吾谁与归？

然而，如果我们共同隶属的大地想要全面复苏，即将到来的时代想要无愧于春秋战国、大唐华宋，那么也许我们的教育界，需要有稀缺得更为寂寞、扎根得更为静默、所扎根的土地更为辽阔的新物种。

何苦

我任教的第一所学校，当地人因它的所在地，称它为“车山岙”。官方的名字几经变易，最后以当地的思想名人杜亚泉先生之名，命名为“杜亚泉中学”，却始终不过是一所四五百学生，三四十教师的农村初中。而当地人仍然喜欢叫它“车山岙”。当他们说车山岙的时候，譬如说去一趟车山岙，儿子在车山岙，其实就是说，到中学去，儿子在中学读书。

我刚到车山岙的时候，学校没有现在意义上的新房子，几乎都是危房。进学校的道路及操场一到雨天，经几百双脚反复踩踏，就成可以插秧的水田。雨季和冬季仿佛总是特别长。冬季来临的时候，没有任何取暖设备，也没有电视，你只能躲在被窝里，就着几十瓦的白炽灯读书。房子没有平顶，抬头便是屋椽、瓦片，寒风一吹得紧，便纷纷扬扬地落下尘埃，像是来不及整理的思之碎屑。

我们每个年轻人都分到一间十来平方米的小单间，没有卫生设备，有个内急，无论刮风下雨，都要冲出屋子外，到操场边的公共厕所解决问题。

就是在那里，我继续读泰戈尔、唐诗宋词、席慕蓉，开始整本整本地读繁体的《论语》《大学》《中庸》《庄子》《老子》《孙子》，可惜玩性太大，假日里还要雷打不动地奉献给伟大的恋爱事业，终于没能读完诸子百家。西方哲学与西方心理学，也刚刚开了个头，读了几本，就全放下了。而这些书中在那近十年的时间里最为受用的，竟然是《新旧约全书》和《希腊神话》，还有《五灯会元》等禅宗书籍。

我在相当长的时间里，根本不知道自己为什么要教书，以及应该怎样去教书。书教得不好，因为压根就没认真对待过这件事。我把人生分成几截，生活是生活，它和女友（然后是升级为妻子的同一人物）、父母、朋友有关；生命是生命，它和书籍有关，属于一个人的苦闷独语，它聚焦于“活着究竟有什么意义与目的”的问题，并试图在某本已经写好的书里找到最后的解答；教书是教书，它是我的工作，虽然我满足于清贫的生活，但这清贫的生活也需要一点点金钱，教书这事儿能够为我带来一点微薄的金钱……

统一这一切的，是车山岙的山山水水。天并不总是那么蓝，但没有污染，无论是天高气清的水粉画，还是梅雨季节积云似泼墨的水墨画，都沁人心脾。而学校没有围墙，水井旁的几棵大柿树，就成了校门。漫天的树木和竹林就成了边界，我可以从任何一处逸出去，向着山林或者田野作几个小时的漫游；而山林间的野猪、松鼠甚至黄羊，也可以在合适的时机，譬如夜晚或者寒冬，入侵到学校里。至少每晚猫头鹰和乌鸦的叫声，是没有围墙可以挡住的，总在暮色四合之际，凄凄地响起来。那暮色和鸣叫，就这样一天天地刻入我的心肺与血液，成为我生命的色彩。

我刚到这所学校的时候，正好是年轻人剧增，学校更新换代的时期。我们陆陆续续地汇聚到被这个当地学区视为最偏僻地方的车山岙，年龄还不够结婚，资本还不足以成家，所以年轻人就各凭兴趣组成几个小团体。几个尚不死心或者青春气息还没完全被社会磨砺尽的，练练书法，读读书。代课的，忙于考文凭或者安于谈生活。像我这样无心机的，多半打牌消磨时光，等人散了，剩下我一个人难以入眠，那个“活着究竟有什么意义与目的”的问题就又浮上来，于是重新翻开那些与文凭无关的书。兴致高涨时，一读数天，吃饭时也不放下，上课改成自习；兴味索然时，几个星期不打开一本。生活得意时，生命问题就不太显现；生命沉寂或宁静时，生命问题就清晰地摆在眼前……

曾有学校领导动员我入党，就像在师范时大家动员我入团一样。我委婉地拒绝了，表示愿意当好数十朵红花中的唯一一片红叶，就像在师范里，最后成为学校唯一一名非团员的学生一样。大家不知道我想要什么，我也不知道我想要什么，我只是在寻找……

现在我能想明白，我们的身体里，大自然或者上帝已经设置了一系列的密码。所以我们一出生，就去寻求母亲的乳汁；稍长大，一边留恋于父母的安全屏障，一边止不住像一只“逃家小兔”，一次次地外出探险；然后青春期来临，有一种神秘让我们去寻找爱情，让生命像一首诗一样勃然兴发……

如果仅仅是生物意义上的生命，那么爱情与婚姻之后，生育孩子，然后生命就完成了它的全部旅程，只欠一死。但人不只是这命定的动物，除同样重视生存以及繁衍这些事，人和其他动物的最大区别在于，人把兴趣的焦点，从生命的保存和延续上，移到了必有一死这一事实上。

可惜我在相当长的时间里，太关注后者这一问题，而忘记了眼前的生存基础。直到我领悟到，生命的意义完全只是人在有限之生中的自我创造。我领悟到这一点很迟，迟到远远过了人们认为这时候奋发还可能会有成就的时机。

我领悟到这一点并致力于教育，把它当成我创造之源的时候，正是经济越来越好转的时候，也是思想既保持进一步缓慢开放，又趋于某种平衡的时候，也是学校一次次地把旧校舍推倒，建起崭新房子的时候，也是与我差不多同时来车山岙的那些年轻人一个个成家立业，成为县市教育骨干，然后一个个离开车山岙到城里去的时候……

学校的大树一棵棵地被砍伐，志趣相近的人一个个地离开车山岙，一届届学生在成为生命中最珍贵的礼物之后，一批批地走向远方……

最后我知道，也该到我谢幕的时候了。

我成了一个“教育吉卜赛人”，拖累妻子与女儿，也让她们既不断地到各个城市观光，又一次次地承受搬家的辛劳、烦琐，以及异地生活的种种不便。然后，生命似乎迎来一个转机，我有幸成为一名专家兼名师可以讲学讲课，找个杂志或报纸当当编辑或者执行主编，同时找找某些教育机构赚点稳定的收入，妻子和女儿，也可以在较优质的学校里站稳脚跟……

但终于又远走到了新教育，进而慢慢地放弃了一切个人性质的讲学、讲课和文章发表。因为当我做以上美满选择的时候，我是为生活而放弃了生命追寻的结果——而如果我不是成为我自己，我是不配成为一名好父亲或者好丈夫的，我最终只会成为一个“颓废艺术家”，在无意义但有快乐的狂欢中赌掉自己的生命。无论何种生活，都不能让我觉得有意义一过，除非我在其中找到生命的回答。

但生命问题注定与生活息息相关，灵魂注定要安放在一个肉体的躯壳之中——哪怕是像史铁生、张海迪这样病残不堪的躯体。于是，我还得日日和生活中的事纠葛。上上下下，老老少少，爱你怨你憎你惮你的。有朋友说，这是上苍知道我太容易飘进玄冥之境，所以牵一根线将我系在这大地上。也许吧，我想这问题，我在临死前的一刻，会自己做出评价的，现在评价一切为时尚早。

同样，新教育之梦，还总须有一个物质的学校，一个看得见、摸得着的地方。它不能停留在朱老师的号召里，也不能停留在追随着的宣告里，同样不能仅仅停留在我的思考和文章里。

于是我们跑遍大江南北，想要把它种在大地里。我们亲眼看着它萌芽，那全新的胚芽美丽结实，前所罕有，令我们欣喜激奋。我们亲眼看着有几棵茁壮成长，并结出奇迹般的果实。但更多的时候，在我们离开那片土地不久，那芽的美丽渐渐消失，它重新沦为一种在平庸中挣扎的草——即便它还打着神奇之花的名号。

于是有了宝应一行。整整三年，不能说颗粒无收，因为发生的都不会白白流过。麦子和齐齐班的优异的成绩，相约星期二的热烈，那些教研中所澄清的问题，开放周的故事……但是，这毕竟不是新教育的土地，虽然主人很热情，但我们得诚恳地承认，这还不是。

在碰撞以及进一步的磨合中，芦滩小学的梦想形成了。但由于种种原因，芦滩小学的进程一再拖延，拖延到研究中心所有成员怀疑猜疑狐疑不断的地步，它仍然还只是一个遥远的梦。

于是，就有了昨天的“养鸡场”一行。其实那不是真正的养鸡场，那还曾是这个村的小学和初中，卢志文先生曾在那里读过小学和初中。后来在学校“撤扩并”运动中它被废弃，一度成了养鸡场。这几年又重新成为一个仅有一、二年级的教学点，学生极少。另外的大多数房子都临时归属于一个小小的服装厂，留给我们的只有一角。

几十年的旧房子，裸着砖，别有一番滋味。抬头看顶，瓦下面还铺着一层芦秆，另有一番滋味。住惯了城市的几室几厅，再回到二十年前的车山岙，四五平方米的集体小厨房，寝室几十米外的蚊蝇密集的厕所，一间间简易相隔的宿舍……

一切何苦？

我可以安慰大家，在这里我们只生活半年，然后我们就回到那梦想中美丽的芦滩小学去。我可以鞭策大家，许多伟大的创造，都是从这样简易的地方开始的。而且大家大都经历过艰苦，这还不算是很糟糕的。我可以激励大家，必须提前搬到这里，是因为我们耽搁不起，新教育耽搁不起。半年或者一年，对一个孩子的教育而言，是难以估量的。而属于新教育的时间，新教育必须向世人交代自己的果实的时间，还有多长呢？但是，我的巧言令色改变不了一些事实，那么我就沉默吧。

我们还可以继续留在宝应这个县城，毕竟一切都是现成的，毕竟是个县城，那么多人曾经渴望进入的县城，以及县城生活。我们可以继续等候，等候芦滩小学成形，然后再搬迁过去，只差一年。而我们的生命，应该还有几十年的空间呢，但这不是我生命中的呼声。如果我可以安于这一切，那么我就不必离开车山岙，更不必离开太适合生活的成都。我相信，如果安于这一切，这些人不会汇聚到这里，他们不是仅仅为了找一个工作，而留在这里。

如果我们确实还有高过生活高过现实的一点点梦想，它需要我们做出一些可以忍受的牺牲，我们能够怎样回答？

如果你决定一道前行，就不要再总是想着，如果我选择另外一条道路可能会更幸福。那样只会让工作失败，生活跟着失败，生命再跟着失败。

如果你决定一道前行，就放弃一切不必要的啰唆，把生命的精力倾注到教育的创造中来。在这里，如果没有创造，它就不必存在，如果没有创造，我们就不必存在。

无论世界和上苍最终会不会辜负我们，我们必须敢于对其说：属于我的任务我已经完成，属于你的，请你也按承诺完成。

一切何苦？

既然必死，人何苦生？

既然必老，人何苦青春？

既然必败多而胜少，人们何苦相聚在一起，搞一个足球的世界杯，让失败的痛楚笼罩一个国家中的每个心灵？

我不知道答案。我只知道，人在终于领悟的那一刻，终将发现答案已经来得太迟。而一切创造的故事，是不会让我们后悔的。唯有创造才能够让生命无悔，哪怕创造者在创造的时刻并没有领悟到其意义。生生不息，乃是生命在有意识和无意识地创造着自己。

从车山岙转徙到卢滩教学点（而不是梦想中的芦滩小学），一字之差，其歌不成。但这不是生命无所谓地流转，因为表面相似的房子里，生命可以完全不同。在同一个屋檐下一大群拖鼻涕的小孩中，毕竟有一个卢志文，其思维其教育思想其书法其语言文字，都卓然而立于同学同行之中。而让新教育成为新教育的，将不是任何样式的楼房建筑，而只是我们书写了怎样的教育叙事，只是我们帮助生命，在任何一方土地中，开出怎样的花来。

此刻耳畔又响起车山岙的枭叫声，连同记忆中四合的暮色。我不再像少年时一次次在空旷中以长啸对抗那沉寂，但心里确实有一个声音在回荡：

“你必得如此奔徙，才能最终领悟到教育以及生命的真谛。

“而你的领悟将不能代替任何一个同行者的领悟，除非他或者她，也在内心有过相似的追寻和奔徙。”

如果我不能在阅读中领悟到孔子和王阳明他们思想的真谛，那么就让我们在相似的转徙中，多少领悟一些生命叙事的曲折，以及来自曲折的深度。

习习谷风，以阴以雨

1

仿佛候鸟，每年七月总得离开栖息地，到一个陌生的地方，去赴一场叫“新教育年会”的盛宴。

又仿佛赴一场战斗，作为身临其间者，小小的我们总须战胜怯懦和犹豫，站到大大的舞台上，向着空旷说出梦想，发出“我在这里，你又在哪里”的呼告。然后，再带着疲惫，带着浅浅的满足或者深深的遗憾，带着惶恐或者荣耀，回到栖息的滩涂。耐心地在日出与日落之间，啜饮文字的精华，等候着下一季的启程。

2

桥西，一个原本遥远陌生的名字，这一年来就这样楔入了生命中。纵然我能够高寿过七十岁，也至少已经有一年的心情，为这个名字而焦虑、而担忧、而欣喜、而感恩了。网师人喜欢说生命的本质就是汇聚，这些汇聚之物乃成为我们的生命本身。于是我可以说：桥西，因这一份经历，是我生命的部分……

只有这一年共同穿越的人们，才能够真正深切地感受到这一年来的辛苦和收获。远不能等同于年会的灿烂，远不能等同于画册中的精美。事实上，像所有动人的故事一样，它是一个逼真曲折的叙事，有悲，有喜，有失败，有犹豫，有担当，有挫折，有忍让，有争执……

桥西的校长们，想必不会忘记我和卢志文院长当着市长和局长们的一次争执。这仅仅是新教育历程中的一个微不足道的片段，但它几乎可以作为一个意味深长的象征：新教育的声音是多元的，而行政与学术往往交混在一起，理想与现实往往交混在一起，强调共同语言团队体认与强调多元汇聚往往交混在一起……这里没有简单的是非，而只有“你愿意成为什么”的愿望，以及这个愿望所带来的结果。

这样的明明暗暗的分歧、争执将会永远延续下去——只要新教育继续存在下去，且继续有着开放性，以及创造的生机。但仅仅保留一个百家争鸣的外壳并不能够说明新教育的成就或者成功，后者的唯一明证是它在理论和实践上确实有了长足的进步。就像桥西新教育人可以自豪地宣称：这几年，这一年，我们在蜕变，我们已经飞翔过！

无论有多少名字前来又退去，无论这些名字曾经多么闪亮或者只是那样地不起眼，只要在这个聚散不定的过程中，我们最终有配以传世的课程诞生，有堪称经典的理论或著作诞生，有真正卓越的故事产生过，新教育就有存在的价值，我们就不是虚走这一遭，不是赶趁一场暂时的热闹而已。

那些都是后来者才能裁决的事，我们身处自己的时代，还无法用销量来决断一本书的价值，无法用多少实验学校来决定一个实验的价值。所以我更看重的是生命的开启与明亮，是生命在这个过程中的相互启发。但如果没有花开，没有果实，没有扎根与栖居，那么我将不得不把这段记忆删除，宣布自己仿佛没有活过。

所以我们研究中心是何等值得庆幸，因为那些学校，学校名字下的特殊的意蕴，就这样楔入了我们的记忆：外国语，中国魂；四维（地之厚重，天之刚健，道之自然，人之和谐）；中山路（书香润璞，器成中山）；草场街（自然之草，文化之草，生命之草；草根，草英，草实，草魂）……

那些原本还陌生的名字现在变得亲切熟稔，呢喃名字，显现的是一张张精彩的脸：邓小梅，李英辉，张继科、韩桂珍……更不必说堪称第二个“魔鬼团队”的成员们：杨健、马桂平、李亚敏、邵坤、许平、王小芃、梁忠辉、曹杰、杨玉辰……

无论别人有没有为我们鼓掌，只要他们曾经真诚地为我们鼓过掌，也就值得了。

无论别人有没有为他们喝彩，只要我们曾经在灵魂里为他们喝过彩，也就值得了。

3

新教育是一锅由朱永新老师倡议而起的“石头汤”，每一年，总有许多民间的智慧，汇聚成一锅相互滋润但滋味一体的教育浓汤。去年是十位老师创造的十间天南海北的教室，他们共同演绎了“卓越的课程”和“完美的教室”。今年除桥西的十二所学校外，汇聚到桥西教育舞台上的，是九所学校——不止九位校长，而是九个精彩曲折的叙事，九个精致隽永的空间。

这些学校，这些校长，大都是老朋友了，不再一一提及。值得特别一说的是来自河南焦作的李志强校长和来自浙江平湖的石明生校长，他们是我今年的新朋友。李志强校长几乎参与了桥西学校文化建设的全过程，一年中数度和我们在桥西汇聚。而他自己在桥西年会上的学校文化展示，确实是一种淋漓尽致的个人人格向外扩充，化为学校建筑、装饰、规范、叙事的这一独特过程的展现。纵然下面坐着许多名气更大的名师名校长，但就学校文化这一块，我可以说，像李志强校长这么早就自觉地在这个领域进行思考和行动，并取得了如此丰硕成果的，确实不多。而石明生校长所拥有的，只是一所普通的乡村中学。我也是偶然在平湖考察的过程中，在王永初副局长的热情推荐下，才偶然走进这所地处乡村的中学的。走进建筑并没有什么特色的校园，却意外地遭遇许多熟悉的事物和新奇的事物。熟悉的，是“厚德载物”“自强不息”等一系列儒家刚健宽厚精神的镌刻；新奇的，是金黄的稻草装饰成各种建筑和艺术品，校园中还有黑白石的太极图……几年来，石校长仿佛那位传说中金蔷薇的铸造者，一天天地在岁月中收拾尘屑，用原本为人所不屑的碎屑，打造出了一朵学校文化的金蔷薇。

在没有新教育之前，他们已经优秀地存在着。但新教育岂止是一个汇聚？所谓石头汤，岂止是这些原封不动的汤料？如果新教育在汇聚闪耀者的同时不能让闪耀者拥有前所未有的光芒，那么至少对于这个个体，新教育就没有意义。新教育，应该如尼采所说，是让每一个人、每一所学校，“成就为你自己”。而任何成就都不可能一劳永逸，教育是终身的成长，是生命恒久地更新。那么我们是不是可以说，在汇入新教育之前他们已经存在，但新教育将让他们获得持久的更新，获得全新的视野，获得更大创造的契机？！

我相信是这样的，我相信汇聚到“新教育”这三个字之下的人们，都多多少少地怀着这些自我教育、自我创造的动机。

4

我是个害怕见人的人——无论是陌生人还是曾经熟悉的人，我都害怕。我只喜欢和极少几个早已长久相处的人继续相处，没有新异，也少兴奋，大家在沉默中也不会觉得不自在，只说半句话，也知道未说出那些含义……

年会是个注定要见人的时刻。如果可以微笑着点个头就走过去，这样的见面虽然也不喜欢，但毕竟还可以接受；但如果要通过见面，走入彼此的生活，乃至心灵，这样的挑战就有些令人恐惧了。

但这一次我将不得不认真地见四个人，他们都是新教育人中的“网师人”，或者“啃读者”：大西洋来的飓风、秦月汉关、河南麦子、吸烟散人。

为了不是呈现一次一盘散沙，而是通过精心的剪裁，用最短的时间，把网师一年的旅程和精神讲述出来，几个主持人和发言人几次过稿，我就在一旁聆听，感受他们言说背后的犹豫、坦率、真诚、机巧，偶尔也帮助剪裁一下。就在这个过程中，几个活生生的灵魂，带着真切的面容，带着各地的乡音，带着不同岁月阶段的特质，刻写在了我的记忆中。

河南麦子，真的如麦子一般质朴而清秀。麦子的色泽与芬芳，都来自收获的季节，所以我真诚地等候在穿越整个网师之后，这棵麦子将拥有一片怎样辽阔的土地。

秦月汉关，一个唱秦腔的男人，守土重迁，却能够承担责任的男子。和铁皮鼓在气质上有三分相似，演讲起来有五分相似，即便是在行文上，虽然不似铁皮鼓的厚重华丽，但仍然有一股相似的质朴中的机灵，表面一言而尽的故事里，总藏着些耐人寻味的东西。年会后，有教育局局长向我点名要这个人，我回来后和铁皮鼓等人说：这种肯定，将会让秦月汉关在相对贫困中更为从容与坚定。许多时候，其实我们真正想的，不是表面追求的那些东西。理想主义固然可以为名利服务，名利背后，一样可能深藏着生命不屈的追求。

飓风大姐，这样的生命只如一盏明灯，证明生命潜在的无穷可能性，证明“生生不息”不只是四个汉字，而确实是对一种卓异生命的描绘。

未上场的吸烟散人，则是另一种可能性。这次我特意把他叫过来参加这个年会，只因为我们需要开拓另外一个局面——首先是网师数学，然后是新教育数学。一切还属于未知，空谈与梦想都不足以替代事实，且让他自己来开始属于他的新教育生命叙事吧。

网师叙事的单元，是铁皮鼓实际负责与总主持的，台上的主持人是陈美丽和杨超，幕后有陈美丽和祁华忠的辛苦努力。这是杨超的第一次亮相，内心经历过极大的坎坷，但他站上去了，竟然是在这么大的一个场合。这是研究中心的福分。

我还能说些什么呢，他们不需要我的感谢，因为这就是我们大家的事。我的感谢，将把他们自己的叙事，当成我的叙事来完成了。但我依然感激，因为他们用朴素的灵魂而不是表演，站在空旷的舞台上，完成了一次真诚的讲述。而如果没有他们的故事与讲述，我将无处安身立足，我将无可言说。所以我感激他们的，是这几年相携走过，完成一件又一件不可能的任务，让我相信这个世界上，最小的人物，也能唱出最本质的生命赞歌。

5

年会之后，热闹的是论坛。虽然教育中的那些事与理，依然没有能够如我们所愿被真切地探讨，甚至学校文化的主题，也没有多少人认真提起，但是，“新教育”三个字确乎是被人们一再念及。因为朱永新老师的眼泪，因为卢志文院长的眼泪，因为许新海等人的精彩，因为十二所学校的精彩，因为整个桥西的精彩……

虽然对演出，对学校文化中精美取向的装饰也有人提出少许异议，但是总的来说，好评如潮，感动如潮。但潮涨总会潮落，不久之后，“新教育”三个字还会有哪些人在这里在那里不断提及，更重要的是用实践用课程来实现它，用生命将之擦亮呢？

当然，新教育的本意乃是要帮助每一个人擦亮自己的生命（以及你遭遇的孩子），而不是要借你擦亮别人的名字。只不过，如果不是我们用声音和文字，用声音和文字背后的实践，捍卫住这个梦想，我们还能在哪里寄托教育理想？

是的，没有新教育，有人可以朝向杜郎口，有人可以创造平民教育、公民教育或者精神贵族教育，但是，对已经在“新教育”中寄托了最大心愿的我们，又怎么忍心看着它消亡？

苏霍姆林斯基只有一所学校，杜威只有两所学校，巴学园只有一个，夏山学校只有一个，哈佛与清华也都只有一个。拥有五千所实验学校将是一件令人骄傲的事，但如果没有一所学校敢于宣称这是全部的纯粹的新教育，并用它的全部叙事呈现出新教育的精神和品质，那么五千所学校最终又有何意义？

五千个玉米棒子里，只能提炼出很少的黄金。即使是一克纯金，它也是 100% 的金子，你砍去它的一半，它将仍然是 100% 的纯金。

如果真有一轮明月高悬教育的天空，那么五千道河流将在不同程度上蒙受它的光辉，闪现出自己的迷人风景。我相信自己的身上，不仅有着孔子们照射的光芒，也有着杜威、朱永新们照射的光芒，是这些光芒，让一个小人物竟然有时也会闪闪发亮。

6

芦滩的梦想是许多人心目中的未来风景，同时也是有些人心中持久的痛楚。

在宝应租的第二套房子，前几天就已经到期了，而卢滩教学点还不能居住。而我一家遭遇的烦恼也是铁皮鼓一家遭遇的烦恼。纵然那里已经能够居住，麻烦与痛苦也不会更少一点，因为只要生活的烦恼占据了一个人的灵魂，那么改善一点也将无济于大局。

我总是问自己，自己的心还能够承受多久。我的教育研究与歌吟是真诚的，是用全部生命去投入的，但是肉体的生命以及日常的生活，却仍然是在这个大地上，和活生生的、会痛苦、会烦恼、会考虑日常琐事的人们生活在一起。而且身为丈夫和父亲，我还应该对家庭负责；身为研究中心的主持人，虽然只是个不涉及经济的学术领导，却仍然必须为所有来这个地方的人负起一定的职责，包括精神上的安定，以及基本生活的承诺。虽然经济上由卢志文院长他们操劳着，事实上，我没有一天不为它的可靠的出路忧虑着。如何让因理想而汇聚的人，食之，庶之，富之？更重要的是信之！如何让他们在安定中立起自身，最终己立立人、己达达人，推动整个新教育的发展？

君子坦荡荡，小人长戚戚。我本已经在二十年前在名利之前“超度”，却为何现在还要天天陷落在连小人也不如的忧虑中？

7

走过了太多的路，早知道自己的生命应该如何度过。舞台的掌声不可能把我迷惑，出版的稿费不可能把我诱惑，未来的大厦或者辉煌也不可能把我蒙蔽：我知道短暂的有限生命，想要怎样度过。

在桥西活动的间歇，读的是王阳明的《传习录》。这些年于儒道、心学理学，颇有一些新的心得，但也只有不断地重温，不断地与那些卓杰伟大的灵魂在文字中对话，才能够让自己站在任何一个地方，时刻领略宇宙和生命的庄严。

回到宝应，把几十本心理学著作从三楼因假期而锁起来的研究中心办公室搬到临时的办公点，从网上下载了马斯洛《动机与人格》的第二版，逐一细细地批注。昨晚用了四个小时，竟然批注了一整章。在领会了道家的道法自然，儒家的仁心充溢之后，积极的人本心理学，仿佛就是一种儒道思想的解说，亲切，也不失深刻，但更为有理有据。

诗歌授课教室里，已经开始了诗歌的研讨，今天早上还掀起了一次汉字字源探究的小高潮，解决了“兆”这个字的来龙去脉。

另外的几个教室里，相信都有人在这个夏季潜读着、啃读着……

于是又想起一首我们喜欢的诗：

聒噪的知了把歌唱
从早到晚都把歌唱
见到谁都把歌唱

同一支歌没完没了地唱
哑巴知了写歌词
默默地往树叶上写歌词
没人看见的时候写歌词
尽写些没人要唱的歌词
（难道它不知道，秋天来了，
树叶就会落到地上腐烂掉？）

——金子美铃《哑巴知了》

并非阴差阳错
——我与绘画的故事

女儿如云六岁半，读小学一年级。前几天妻子来电话说，女儿自作主张，报名参加了暑期的绘画培训班。我问女儿为什么不报舞蹈呢？她用刚刚学会的四川话跟我说：我喜欢画画嘛。

"我喜欢画画嘛"这句话里，有着非常悠远的历史，甚至可以说，这就是一部几个人的历史，也是一本教育学的专著。

我至今不知道自己有没有绘画天赋。但是前几年有两个河北画家在我那里住了将近一个星期，除了画画喝酒，就是看我收藏的价值数千元的画册，听我胡乱评说他们的画作。很遗憾，那时候我已经折笔十多年了，只留下了几张当年画作的照片，他们说，我本来应该成为一名画家的。我知道这不是恭维，因为我读书的时候，我的许多同学与老师，也曾经这样说过。

但是，这并不能够证明我具备这种天赋，也许我与其他孩子的区别仅仅在于：我的父母允许我在家里的墙上画许多乱七八糟的东西。像老鼠一样的虎，像魔鬼一样的将军，孙猴子的头像。当年还没有卡通，题材多取自连环画与年画；没有水彩与油画棒，颜料是泥水匠使用的彩粉——那时候，我已经无师自通地知道，颜色是一种魔术，简简单单的三种颜色，可以变化出无穷无尽的色彩来。

刚刚建造不久的房子，被我画得体无完肤，然而我宽容的父母从来不骂我，即使我画得不好或者确实画错了地方，也不怎么说我，只是有时轻描淡写地说一句。

许多年后，我“学成归来”，父母为了供养我们读书，一直盖不起新楼，当年被我涂满鼠虎的新平房，在远处楼房的映衬下，显得特别寒酸。我让正在学油漆匠的弟弟用白色涂料把大厅正面的照壁涂白了，厚厚的，像一张能吸水的宣纸。然后，我用水粉，在上面画了一幅唐人诗意图：“应怜屐齿印苍苔，小扣柴扉久不开。春色满园关不住，一枝红杏出墙来。”虽然是水粉颜料，但笔法完全是中国画式的，结构与韵意也是国画式的。当时平房上面还搁着杂乱的木料竹材，但与此画放在一起，竟然天衣无缝地和谐，就像是还长在园中的树。画成后，简陋的平房成了雅居，任何人进来，都不会再感觉这是一个贫寒的家庭。而后来我虽然画过许多精致的国画，但终于没有一张能够和此画相比，因为它是活的。

然而活的东西也就意味着会死亡。几年之后，父母通过辛苦努力，在原来的地基上，重新建造了楼房。旧房推倒的那一天，一家人都对着那墙壁叹几口惋惜的气，但是，它被毁后却留在我的记忆里，比原来的更完满，更有韵味。

我终于没有成为画家。初等师范毕业后，我任教初中语文，十多年后，我又成为一名教育研究者与写作者，画画的事，似乎已经与我无关，仅仅成为一个遥远而模糊的回忆。但是，在女儿说“我喜欢画画嘿”之前，其实已经阴差阳错地，发生过几起与我有关的绘画事件。

我小时候算命，所有的算命先生都断定我与母亲相冲，我会在十五岁左右遇到大灾难，而且暗示我可能会在神经上出现差错，解救的办法是拜个干娘。于是，我拜了同村一位妇女为干娘，她的儿子与女儿，就成了我的弟弟与妹妹。在农村，这是一件非常严肃的事，干兄弟间的关系，比堂兄弟间可能还要紧密一些。说实话，虽然我的干爹和干娘都是村里出名的精明人，但我的那个干弟弟却似乎不太灵光，他连初中都没有好好毕业，就进了军队，成了军人。

据说他进军队马上就遇到麻烦——因为他娇生惯养，连出操也会出些差错，更不要说演练与打靶了。连长非常为难，问他能做些什么？我的干弟弟当时回答：我哥哥会画画。连长一听大喜，他才不管是我的干弟弟会画画还是我会画画，他关心的仅仅是：这个包袱，我有办法解决了！所以，他当即决定，国明同志从此调到宣传组，专门画画。

后面的故事太长了，我就不说了，我只是告诉大家，我这个根本不会画画的弟弟，现在是职业画家，是人大代表。而且当初认不得几个字的他，现在也能在画上题一些让我莫名其妙的诗了。

我教书的时候，属于不务正业的人。教语文以外，还带了一个写作兴趣班与一个绘画班。当然也不是什么专门培训的班，我的方法一律是无为而治：我创造一个场地，争取一些时间，提供一些画册或者书籍，对作品做一番自以为是但也许根本不是这么回事的评论（自然多数是表扬）。我并不是想培养什么画家或者文学家，只是山里寂寞，寂寞到连电视也看不到，以此自娱罢了。

后来，学生翔成为一名美术设计师，渊成了专门对考美专的学生进行培训的美术师。我的干弟弟国明退伍回来，没有工作，经常住在我的学校里，我就利用这资源，成立了一个小荷美术兴趣小组，让他带着孩子们玩——不一定是画画，还包括捉泥鳅、采灵芝这样的快活事。学生中有一个叫静的女孩，学习非常认真刻苦，但当时升学率极低，她终于未能考上普通高中，进了被一般人瞧不起的职高。三年之后，我收到一封寄自名牌大学的信，这名叫静的女孩对我说：如果没有当年的“小荷”，也就没有今天的她。在职高，她充分地发挥了绘画的长处，并以此考入了大学的美术系。

所以当我读到苏霍姆林斯基描述一位学习成绩始终不见起色的学生如何成为一名优秀的园艺师的时候，我知道我不是在读一个遥远的童话，我仅仅是在读一个中国故事的苏联翻版，我自己学生故事的苏翁版本。而目前在世界范围内被广为传播的“多元智能”，则为许多在试卷面前低能的孩子出面辩护：他们并非笨蛋，只是他们拥有的智能，并不是你们想要的逻辑—数理智能和语言智能。也许他们是扬科，拥有着突出的音乐智能；也许他们是马良，拥有着优秀的绘画天赋……

这样说来，这些阴差阳错的故事，也许不仅仅是巧合。但是我仍然非常担心，甚至是后怕：如果我的干弟弟在连长问他的时候没有说“我哥哥会画画”，如果静在读初一的时候没有一个喜欢心血来潮的老师搞了一个小荷美术社，那么许多人生将会改写，而有些，显然不是更精彩，在千军万马拥挤着通过“逻辑—数理智能+语言智能”的桥梁时，被挤下河乃至挤成碎末的，不是少数而是大多数。

虽然也会过几样乐器，但我从小不喜欢唱歌，五音不全。与我相反，我妻子能歌善舞，但画画却不行。女儿出生后，所有的人都说如云像她妈妈，当她能够哼唱与运动的时候，这个像就更明显了——她简直是天才的舞蹈家与音乐家，听到音乐，她马上能够编出舞来，有时散步时，她会突然说，妈妈，我编了一首歌，然后，就作词作曲唱了起来。我们一致认为，她确实像母亲，拥有音乐与舞蹈的天赋，但并不具备绘画的天赋。

当她开始能够画线条的时候，以及渐渐地进化为简单图案的时候，我们确信这个判断：她在这方面，显然在一般孩子之下。因为旁边也有许多孩子，正像如云在音乐与舞蹈上比他们学得轻松快乐一样，他们的画，显然比她要成熟得多。

但是，说一个人没有一种天赋，却并不表示这个人没有这种智能。美国心理学家加德纳指出的语言智能、逻辑—数理智能、空间智能、音乐智能、身体运动智能、人际智能、自我认识智能，在每个人身上都存在着，但是分配与发展却并不均等。

也就是说，人既要全面发展，即发展所有的智能，或者说让所有的智能都获得锻炼发展的机会，又要有针对性地个性发展，即针对孩子所突出的智能，进行特殊的培养与训练。这二者是要协调地发展的：只讲究所有智能都要发展，容易平均化亦即平庸化或者导致千人一面；只讲究突出优秀智能容易导致不可持续发展，或者说，即使成了某方面专家，也并不能够顺利地获得生活所需多方面协调的幸福。

一般说来，在孩子早期，应该强调均衡发展重于个性发展。而且，人对人内部的复杂性其实认识得还很肤浅，多元智能，也仍然是失之简单的一种粗糙的构架，所以，保持人发展的丰富性与复杂性，保持人成长中对生命复杂性的敬畏，是极有必要的。

所以，我仍然鼓励女儿画画——其实涂鸦是所有孩子的乐趣所在，就比如玩水和沙子。当时，我自己的房子刚刚装潢，家具也刚刚置换，但是，女儿的笔可不认得这一切。我的《池田大作集》成了她的第一个受害对象，然后是刚刚粉刷的墙，以及各式各样的家具……

雇来当保姆的婆婆很不理解这一切，但因为受了我的嘱咐，也就听任着我女儿涂画。后来连妻子也看不下去，我告诉她我小时候的故事，她回忆起我当年画在老家墙壁上的那幅画，也就不再作声。我说：没有永恒的墙壁和不会腐朽的家具，但孩子在墙上画画的兴趣，仅仅只会停留一小段时间，错过这段时间，你即使怂恿她画，她也会觉得索然无趣。

到女儿能够清楚地听明白我们的话之后，我告诉她，不应该在墙上乱画，应该把画画在纸上，用各色各样的笔。女儿正式画画，就这样开始了。但是让妻子很不满的是：音乐由她在认真地教，而绘画，懂画画的爸爸却什么也不说，只是对着乱涂乱画的线条瞎说一气："好，很好，非常好！"

我对她说：音乐的某些地方是非常准确的，譬如音准，含糊不得。但绘画，却是一种想象力与创造力的培养——不是绘画的想象力与创造力，而是对整个世界整个生命的想象与创造，一种个性化的再现，它并不只是技术。当这种表现与创造需要技术的时候，我们再来学习技术不迟。舞蹈也一样，她在自己瞎编的时候，你千万不要指正，你需要做的是两点，一是赞叹，二是自己也舞蹈起来，孩子会在游戏中模仿到她想要的东西。

这样，绘画、舞蹈，成了女儿心目中与玩沙和玩水同样重要同样有趣的游戏。我也同样以游戏的姿态对待女儿的绘画与舞蹈，我说，让她画画不是为了把她培养成画家，而是每个人都应该有训练过的画家的眼，音乐与舞蹈也是。但我其实心底里一直认为，假如她偏向艺术，那么她或许有可能在舞蹈、音乐上有所发挥，也不可能在绘画上脱颖而出。

但是让我没有料到的是，她进了小学，竟然说美术课是喜欢的课，因为美术老师说她画得好。开始我还以为这是一个孩子的错觉，但不久，美术老师真的要求她进绘画班，前几天还代表班级参加了学校的六一画展。我在众多的涂鸦画里找到了女儿的一张画，极少数一张没有着色的画。我看不懂意思，女儿告诉我，这是一个人的背影，他背着我们在看太阳、月亮和星星。然后，就有了女儿自作主张参加美术暑期培训班的事情。

真是阴差阳错，我当年将父母的白墙壁当成一张巨大的白纸，结果我并没有成为画家；女儿将我的书籍与家具当成她的画册，我想，她仍然不会成为一名画家。但是在这白纸与白墙之间，却有着远比画画更重要的东西。如果说我父母的纵容让五六个其他人的孩子从中受益终身的话，我现在还不知道，我对女儿的纵容，将会为这世界贡献什么。

赋无情天地以有情解释

儒家和道家对世界的理解，在根本处有着重大的分歧。

当道家说“天地不仁，以万物为刍狗”时，儒家说“天行健，君子以自强不息”。道家认识到天地本来的无情，并尊重了这种宇宙的冷漠和冷静。儒家则天真地希望宇宙本来就是有情的，人类的热烈，就是继承了宇宙生生不息的精神。

谁对谁错？孰是孰非？

问题是，它们已经是人类最原初和最根本的尺度，除了生命本身，我们哪里还能够找到更可靠的尺度？我们既不能依据宗教来评判科学，又不能依据科学来评价宗教。艺术、诗歌、神话，它们都站在同样原初的价值起点上。

能够统摄命名、说明、叙事、辨析、证明、争鸣、语言、符号、表达这些词语的，是“解释”或者“诠释”这一概念。文化，在本质上就是一种可以识别的解释系统。文化的不同，就是每个解释系统在立场上的差异；文化的优劣，就是不同解释系统在解释能力上的高下。

科学无疑是最严谨的解释系统，但它宣传自己无法证明，只能证伪，对大多数人类事务，它宣传自己一无所知——那些敢于用科学解释诗歌、和绘画兴衰的，无疑都是混迹于科学界的假道士。而科学以外，人类迄今为止并没有任何共通的解释系统，尤其是在价值、意义、审美、未来这些不可或缺的重大问题上。

依然是，不同的解释塑造了不同的民族、不同的宗教、不同的文化，尤其是，不同的教育！

教育，在本质上就是复制和改进一套解释系统。

当我们带孩子阅读盘古开天辟地、女娲补天、夸父逐日、后羿射日、嫦娥奔月、愚公移山、精卫填海、大禹治水这些故事的时候，我们就是在告诉自己这个“民族”的“民族精神”。它不高于也不低于“创世记”“伊甸园”，它只是不同于别人，对天地万物、神明与生灵，做出了自己的诠释。而后人则以赞美、批判、承受等方式，再度做出解释的解释。

《西游记》，是这个民族昨天的自我解释。而我们在课堂上对唐僧、八戒们的贬褒爱憎，又是进行着解释之解释。

这是一个空前迷茫的时代，也是一个空前清澈的时代。没有谎言可以打着神圣、伟大的旗号，逼着我们和孩子们去违心接受，虽然每个人免不了在不同的场合，说一些冠冕堂皇的话，但至少我们清楚它们是套话、空话。不过，没有神圣话语的传扬，我们确实感觉到空虚，感觉到荒凉，需要有可靠的语言，有信服的解释，重新为我们解释整个世界。

回去？复古？这是最简单但确实不过是自欺欺人的道路。如果西医解释不了人的机体，那么中医更不可能正确解释；如果安徒生们不能带给孩子们希望，那么《孝经》和《易经》更不可能让孩子拥有爱与智慧。

回顾，仅仅只是为了弄清来龙去脉，为自己的故事重编一个好的开头，而不是用古人已经暗淡的词语，代替我们自己生活。

我们应该同情且宽容地对待周制与秦制，也就是封建与专制；我们应该同情并宽容农耕文明与游牧文化的数千年冲突，把它们一并理解为我们祖先的历史；我们应该同情并宽容科举制度的严谨与刻板，以及诗歌取士的唐朝式浪漫……

我们并不比古人更有智慧，但我们可以站在比古人更有利的角度来理解和解释一切。就像我们把鲸鱼从鱼类划归到哺乳动物，历史上一切的是非对错，只要我们足够努力，就能够拥有一个比历史书籍更好的解释。但是，我们依然并不拥有神灵的全知视角，我们依然看不清大多数事物，尤其是，和我们自身有关的最重要的事物：爱、欲、信心、终极目标、意义……

我们依然需要有勇气去“赌博”，把所有的赌注，押在自己抉择了去相信、去坚守的事物。比如种子，比如岁月，比如弹痕累累的友谊，比如不再在任何时候都能迎风飘扬的理想……而不愿赌博的人，其实也只是把所有的赌注扔掉而已。

教育也许有错讹，有罪过，但害怕错讹与罪过而不敢教育，乃是最大的错误与犯罪。所以，最终依然需要去辨析，去选择，去重新解释。宇宙间并没有关于价值与意义的事实，它确实完全来自我们自己的创造。宇宙间本没有解释，但为了自己的生存，人类必须不断地更新着诠释。

童话，是为了童年而创造的；爱情，是为了青春而创造的；史诗与神话，是为了种族的集体而创造的；科学，是为了把握身外的宇宙以及万物而创造的；宗教或者类似于宗教的事物，是为了终有一死的命运而创造的；教育，是为了复制和更新以上的一切而创造的。

我的信仰之路

前言

又是旧文，写于2010年9月26日。当时身份还是新教育灵魂人物之一，但身体已经远贬到内蒙古罕台。

作此文的背景，就是新教育研究中心（南明教育团队前身）被“抛”到内蒙古之后，不断有人因生活之苦而陆续离开（应该的），研究中心前几年不断研发课程新品的辉煌几乎难以为继。

但纵然如此，研究中心核心人员也并未忍心就此和新教育共同体分道扬镳，而愿意抱着理解的态度，继续开拓共同的事业。然而，当时的心境确实是十分苦涩的。

罕台之痛

最近生活得很不容易。

因为种种莫名其妙的原因，新教育研究中心这些专家级的成员，突然热衷于进学校去当校长、做班主任。并因为此热衷，付出了常人难以想象的代价。我们来到河套地区的鄂尔多斯高原，因为未来美丽的学校还只是纸上蓝图，目前借居于当地一所农村学校，且暂时没有可以由自己支配的资金，后勤系统真的十分脆弱——虽然当地教育局和学校付出了最大的热情来帮助我们，但是大家仍然处于连饮食问题也没有妥善解决的困境中。

25日晚，出席教育局欢迎朱永新老师来东胜的晚宴。我说，请千万在看到我们面临的生活困难的同时，更要看到我们的创造，否则我们所经受的辛苦将没有任何意义。而仅仅是苦难也不是什么新教育；新教育的灵魂，永远是那在教室里的创造着的美妙。

事实上，身为团队的中坚之一，在名义上还是领导者（事实上这个团队是不可能用一个人靠权力来领导的；领导着大家的，只是那形成于历史共识的使命、愿景和价值观，作为校长或主任，以及更高职务的头衔，都只不过是这一价值系统的捍卫者而已；一旦任何人背弃与损害这价值，他将遭到团队成员的唾弃），这些天我几乎是寝食难安。除了后勤保障因为独立资金的不存在而无法由我运筹解决，又因为半数以上学生住校以及学习基础薄弱等原因，主任教师几乎要全天守候在教室里，而新教育全新的课程创造又要求大家不依赖于现有的教材（为了确保教育的品质，四个教室几乎都没有直接使用发行的教材，因为我们确实知道有更好的课程），所以超负荷的体能消耗，加上严重匮乏的营养，使得团队成员中疾病此起彼伏，许多人的信心或者说信仰，都遭到了挑战，产生了深深的困惑与怀疑。

今天中午陪朱老师和贺局长到九成宫吃饭，他们发现我吃得极少，笑说瘦人果然有瘦的习惯。吃完饭，我让贺志忠校长帮着把一些菜都打了包——这是我刚刚养成的习惯。事实上，在我听说今天连魏智渊都没能吃下食堂的早饭后，我心里就一直搁着一块石头，这时候似乎没有任何饭菜能够让我安然下咽。所以中午把不需要在教室里看管孩子的魏金宝（吸烟散人）也叫上，让他也改善一下伙食。然后，把那些几乎没动筷的肉食，都带了回来，晚上和白菜烧了一锅，汤长春（农家小院）又烧了两个菜，一起改善了一次伙食——可惜最需要补充体能的几位女士都没来，倒是我们几个爷们，居然还喝了几瓶啤酒。

而一个人静下来的时候，我常常问自己一个问题：你肯定不会后悔此行，相信此行的正确，以及新教育研究中心和东胜新教育实验学校光明的未来；但是，是不是所有的人都真的明白，我们为何非如此不可？再者，到什么时候，你也将后悔，也将放弃呢？

于是又回望自己所走过的这条教育道路，以及穿越此路过程中对生命及其意义的体认。我想这些问题的答案，也许就在这走过的道路里。

虚无之子

我出生在一个没有信仰的时代。书上要大家信奉的，是科学真理和国家利益；事实上后来发现，有不少人心里所信奉的，是权力以及伴随权力的肉体快乐和精神快感。

似乎没有什么神圣值得我们敬畏、守护。在“天”的概念被天文学证明是不科学的迷信之后，在“道”的概念在科学定律之前显得捉襟见肘之后，在文化奠基者孔子被斥为孔老二从神坛上推下来之后，那些坚持想要灵魂有所寄托与存放处所的，或者找到了基督教的上帝，或者在真善美这类空洞的词汇里保持着一种不确定的向往，但是，这一文化或这一语言本身，事实已经失去了往昔的神圣性。

这是我们这几代人最大的不幸，我越来越觉得，这种不幸甚至比我童年所经历的饥饿还要深重。所幸，我自出生后就身体不是很健康，一直到现在，或大或小的疾病就几乎从没有彻底远离过。这种病痛的感觉，经常把我从眼前的欢乐和热闹的人群中拉扯开来，独自面对自己的生命。

阅读，冥想，白日梦，还有种植庄稼和花草树木，这是我童年的课程。但那时没有读到《吉檀迦利》之类神圣的文本，假如读到了，当年也没有像我今天这样的老师，只怕未必能够在童年很好地理解（今天，我 13 岁的女儿就可以轻松地理解泰戈尔的这部神圣的献歌了）。

在童年，确实没有真正地思考或讨论过信仰问题。那时候，迷信鬼神并因此信佛的奶奶，也未能把我带进佛教中。我总觉得，与其说他们是在信佛，不如说他们是在怕鬼。我总以为，真正的信仰不应该源自一种对巨大的超越自身的力量的恐惧，而应该源自爱、信赖和希望。

青春期的心思，是属于梦想、异性和爱情，以及同性朋友和亲密伙伴的。除继续保持着自童年就养成的一个人漫游、沉思、阅读的习惯外，艺术的大门向我打开了，借着师范丰富多彩的精神生活，我接触到了音乐、绘画、诗歌……

无数次地被音乐、诗歌所打动，记不清有多少诗句在吟诵的时候，有一种从头淋到脚的淋漓感觉。经常长时间地沉溺于绘画，有时候一画就是几天。但是，似乎有一个重大的问题被悬置起来了，那就是对生命意义的追问。

而事实上，所有那些艺术，尤其是伟大的诗歌，都多多少少地涉及这个问题。所以，虽然这个问题并不迫切地被自己提出，但是借着其他人的诗句，它事实上被无数次地提及——尽管带着青春的忧郁的外壳。

我至今记得，第一次读到“前不见古人，后不见来者”时整个身心的苍茫，以及读到“枯藤老树昏鸦”时的全身寒冷。然后，在接近19周岁生日的时候，我到了大山深处，成了一名中学语文教师。但是，我为何教书？为了每月一百一十块的工资？为了那必须严格照搬教参来回答试题的机械教学？为了让更多的学生能够考上高中？显然这些都不是能够令我满意的答案。

教育、教学几乎是没有多少快乐可言的，除了站在讲台上做一些自己都不太明白的解释，还可以训斥一下比自己小三四岁的学生，感觉教育似乎既不神圣，更无艺术可言。我无法想象，一个不热爱教育，或者说不明白自己所做的这一切有什么积极意义的人，如何可能一天天地从事着那些乏味的事。

而我自己，既然不明白，没感受到，也就一天天地混着过日子——我是说我在教育教学上在混着过日子，但是生命总得去寻找一点寄托，找到一点属于它自己的快乐。于是，当同龄的年轻人开始读专科、本科，拿更高文凭的时候，我开始了一个人的阅读。我读的主要是哲学、宗教和诗歌。

山居岁月的寂寞，让我有越来越多的时间思考生命问题，加上枯燥的教育教学，我越来越被一个问题所催逼：人为什么要活着？人活着有何意义？

我读了“四书五经”中的大多数，读了《道德经》和《庄子》，读了一些西方哲学较浅显的作品，非常认真地读了《圣经》和《希腊神话》，以及一些心理学作品。我理解了许多奥秘，认识了一些源初性质的故事，但是，我没有在书中找到令我满意的答案。

附近的基督徒看我在读《圣经》，便找到了我，让我去教堂。我说我现在肯定不能去，因为我内心里对《旧约》中的神似乎还有排斥心理，我觉得它太霸道太蛮横了，所以我还不能追随。倒是经常去一些佛寺，但这与信仰没有多大关系，只是因为佛教与古诗词和禅宗哲学有着千丝万缕的联系，所以对庙里诸如“解脱”“涅槃”等词语多少有些亲近。也曾想过，能不能在诗歌中找到安身立命的寄托。但似乎诗才匮乏，写不出像样的作品，所以也就早早地死了此心。

总之，在20至27岁的那段日子里，一方面是尽性生活着，随兴阅读着，另一方面，虚无却总像一个浓浓的黑影，步步相随。甚至有一度，只在麻将、纸牌、游戏机里才认认真真地对待，而教育教学，仍然激不起我的多少兴趣——我在那里找不到意义感。而同事们对分数的斤斤计较，以及为提高分数的种种作为，也只能让我更是对此事厌恶不已。

现在回想起来，我怎么可能度过那么漫长的虚无岁月，这真是一件令人奇怪的事。唯一值得庆幸的是，即使是在这样的内心虚无中，因为习惯使然，诗歌、音乐、书籍始终没有完全地放弃。

只是不屑于成为一个钻营蝇头小利的琐屑之人，才不至于成为一个打着为人民教育尽心尽力的旗号，事实上却只不过换取更高一点工资和奖励的平庸之辈。但是因为没有信仰，人只诗性或艺术地生存着，却没有原则，没有任何坚守，实质就是东飘西荡，像个游魂一般存在于世间。

以梦之名

27 岁即将结婚的时候，突然生了一场病，住进了医院。对那时的我而言，生病似乎是一个漫长的假日，很轻松，很快乐：无念书声之乱耳，无批作业之劳形。

当时我带了一个初三毕业班（这是我第一次带毕业班），我请假的结果是学校派了最得力的老师去代课。但不料学生居然怀念我这个不负责任的老师，赶大老远来看望我，把家里种的柿子用石灰泡熟了，鸡蛋煮了来看望我，没钱买不起车票的，写了信托同学捎来。

这对我真是一个彻底的打击，我的良心空前地受到了自我谴责：因为我在此前，非常惬意地享受着医院里无忧无虑的生活。虽然每天要在背上腿上扎进数十根长长的针，我也仍然觉得，这比在学校教书要快乐得多。我并没有因此便产生了对教育本身的热爱，但是自幼养成的习惯，使得我宁愿被人欠负，也不愿意欠负人家。所以，既被学生的热情所感动，又被自己的辜负所谴责，赶紧在医院办了出院手续，提前回到了学校。

以我当年的教学水平，确实没能把学生带到更远。唯一可以欣慰的是，因为自己读的书不算少，更不算劣，所以偶尔穿插的那些东西，多少还是让学生领略到了一些书本以外的语文的灵光。然后，从初一带起，并决心认认真真地把书教好，把班带好。但这不是因为对教育的热爱或者对生命的信仰，而仅仅是因为我在这件事上取得了生命的一点尊严，以及人与人之间的那种暖意。

用心去做的结果是完全不一样的，在那些年，我的教育和教学相当成功。校长和老师们不明白一个人为什么会突然地变了性子，一个极度疏懒的人，居然会变得异常勤勉。而后来我反思自己，其实我从来不是一个只有疏懒的人。无论是少年时候一个人锁在屋子里画上一整天国画，还是一个人用数个月时间静静地啃读《庄子》，这都需要一种锲而不舍的精神。但是，只要一件事不能向我显示其意义，或者不能让我获得快感，我就会没有原动力。

认真去做，便从教育中收获了成就和日常生活中取之不竭的快乐。然而这还不是信仰，因为这一快乐可以被其他的事物所取代，我那时没有想过天命问题，而只是被一件最新发现的快乐之事所吸引，连续几年孜孜不倦地投身于其间。和以往孤独地在音乐、书籍、诗歌、哲学中品尝寂寞的乐趣所不同的是，这一新的快乐会获得社会的回馈，获得他人的回应。所以，它得到了强化，获得了坚持下去的力量。然而，如果丧失外在的这些激励，同时又有其他事物（譬如说国画）恰好向我展示出内在的无穷魅力，我也许会放弃这一事业。因为它对我来说，还不是与信仰相关之事，至少，在那时候，它不会比诗歌更高，不会比音乐更高。

然后，我就受到了许多教室以外的诱惑，把我引上了一条极为曲折的人生道路。在此之前，我既无心于教育，也不热衷于钻营，所以开始是一个人，后来和妻女宁静地生活在群山怀抱的车山岙。

很久之后，担任了学校常务副校长的朋友邀我出任学校的行政职务，共同打理学校。这是第一个诱惑。这次曲折的结果，是我最后又回到教室，有了《新雨日记》的故事。然后因为新雨班的命运，便渴望着拥有素质一流的学生，于是开始想到春晖中学去，最后去了宁波万里国际中学。再然后，完全以应试为方向、以营利为目的的民办教育让我认识到理想的脆弱以及可能被虚伪地借用，于是举家远徙成都，到李玉龙主编的《教师之友》做编辑。

诸神对峙

到成都是我人生中最大的一次转折，因为我突然跳出教育来重新审视教育，发现了许多囿于教育中将永远无法看到更无法看清的问题。

这是2004年，因为命运的流播，我一方面发狂地啃读心理学、哲学、文论，另一方面经常和朋友夜以继日地讨论人生、宗教、哲学。这些朋友都是极有个性与思想的人，当时还叫铁皮鼓的魏智渊，后来信了基督教的四川也人，极具艺术家气质的摩西，还有坐在同一个办公室，有时亲密得像兄弟和战友，有时疏远得像仇寇的范美忠……事实上谈得最多的是华德福的那些朋友，因为我更多地居住在那里。许多个夜晚，我和那些基督徒或者亲基督教的人坐在一起，讨论宗教问题、人性问题，直到子夜时分，才相互道个晚安，各自回房间睡觉。

我的教育思想就是在那时候定型或者说成熟起来的，那两年的生活既让我窥见一个全新的世界，同时也把我生命中原先零碎积蓄的知识融成一个初具轮廓的整体。这时候，似乎万事俱备，只欠东风。在这一切的核心，我知道它就是生命。但是，我该用怎样的词汇来言说它，这将决定着它最后成形时的模样。用希腊神话为原型，将和以希伯来传说为原型是有所区别的，而这二者，与中国文化的词汇也相去甚远。

似乎冥冥中有一种力量拉着我，让我在基督教朋友的圈子中生活了那么久，却始终没有皈依于那个来自异域的宗教。在我看来，基督教的元语言还没有开放到可以把自《诗经》《尚书》《易传》《论语》《道德经》《庄子》和唐诗宋词吸纳于内而不加伤害的地步。诚如《拯救与逍遥》这样的文本所呈现的那样，这是一种必然武断地伤害原本生机勃勃的母语言的语言抉择。

在这时候，我至少已经把一切打成一片。也就是说，我如此清晰地认识到宗教、哲学、诗歌与日常教育的紧密关联，认识到人类知识对于人类的意义以及局限。但是我似乎仍然在寻找着什么。难道，是我离开教育的田野太久，有一种失根的感觉？

体认儒家

于是2006年，回到新教育，开始了人生中负荷最重的一段岁月。在这段岁月的前期，我只是把在成都时所感悟到的那些教育观念，在和师友切磋之后，试种到教育的土壤里。结果令人欣喜，不断有教室传来喜讯。这是我最终意义的获得，或者只是在更高更广阔的世界里，赢得了更多的利益。

事实上，那时候还不是前者，但也绝对不再停留于后者。因为一进新教育，在相当意义上，我混迹于专家之列的名声，因为我把自己局限于极少数的新教育实验学校，而大大地下降了。但这未尝不可以视为一个人在做更为长远的投资。

在那段时间里，我的课在批判精神和技巧上，走向了成熟。但是，似乎还少一点什么。新教育团队并非如外面所见的一片祥和，作为一个新兴的中国教育非政府组织，事实上，官场的、商场的、职场的、公益的、梦想的、学术的多重逻辑并存于其内部。于是神经过敏的我，经常会不断地自我怀疑：我们是真正的理想主义团队，还是打着理想主义旗号的团伙？

2007年，大家讨论共读共写共同生活，其背景就是对共同的语言和密码对于共同体的极端重要性的认识。事实上，这种共同的语言与密码，至今未能在团队内部完全地确立。

2008年，大家讨论理想课堂的三重境界，其背景就是和当前流行的几个教育流派进行“单方面的对话”，澄清新教育自身究竟想要什么样的课堂。事实上，虽然理想的课堂与课程都已经在新教育内部呈现，但是仍然有绝大多数新教育人并没有能够认识到这一点。

2009年，大家讨论书写生命的传奇，做自己生命叙事的主角，其背景就是管理上的一个争端：学校应该施以底线管理加重金奖励，还是应该以道德、梦想以及使命、愿景的方式，感召和激励所有的师生？

就是在这样的过程中，我们又遭遇了另外一些事。譬如北川的大地震，和地震后在帐篷学校里的守候，那混乱中秩序重建，那喧哗中的宁静守护。譬如大江南北贫困地区的穿越，大地富饶的历史，贫瘠的岁月，遥远同胞疲惫与麻木的脸……

就是在那些时候，尤其是地震后的那一个月里，我突然地领略到原本熟悉的儒家话语，竟然有着土地一般的深厚和亲和力。然后又突然发现，每一个汉字里，每一个由汉字汇聚的文章和诗篇里，都浓浓淡淡地渗透着儒的精神、道的神韵。也就是说，我突然地领悟到，我就是我所经受的语言，语言是我生命栖身的家园，是我思想的全部源泉，而我的抉择，既可以让这一家园在我身上复活或者沉寂，也可以让这一源泉在我身上重生或者枯竭。

我可以粗暴地借基督话语或者希腊话语，彻底地否定《论语》《道德经》《易大传》的思想，和李白、杜甫、苏轼和王维的诗句。我也可以像守护自身血脉一样，像守护住刚刚发现的宝石一样，守护着这些神奇的词语。于是我返身，怀着感恩重新走入那些母语的伟大典籍——同时仍然大量地阅读着西方的哲学、宗教和文论，我深刻地感受到了前人曾经思考过、歌唱过的一切，感受到他们的处境以及抉择，感受到这同一精神在不同的语境下，可能产生的变化……

我相信，我领悟了，我找到了。

这是一种空前完整的感觉，所有矛盾化为一片和谐。但我知道，我领悟与找到的，并非宇宙的真理本身，而是一种文化再度找到了它自身。而任何一种文化，就是一群有着某种共同语言基础的人，在他们自己的局限中，实现着一种尽可能阔大的可能性。

这个领悟的后果是深远的。在世俗可见的层面，就是原本总隔着一层，似乎破译不到尽头的经典文本，忽然变得亲切、熟谙，这不是一种普通的熟悉，事实上，这是一种新鲜的感觉，仿佛它们第一次清晰地显现在人类之中。我相信，譬如《论语》的解读，我所能够领悟的，不是实证主义立场的研究者，也不是东西文化比较者所能够轻易获得的，因为这种证悟，乃是从根本处领略后对文本的回归和细读。没有这种根本处的领悟，琐碎的文本研究，并不能够得到多少有价值的东西。而更重要的是我如此清晰地认识到教育、生命、宇宙、语言的纯然统一性，认识到所有职业以及万物神秘的相互关联和依存，但教育却仍然是所有伟大中至高的事业，因为教育乃是对生命最后的塑造。

第一次，儒家所有重要话语是如此清晰地复活于内心。必将来临的死亡，我们栖身的总不可能完美无缺的时代，都无法让一个生命自强不息，并最终达到己立立人、己达达人的境界。在这个时候，教育将不再是传递一种客观的知识，而是生命在交融与贯通，我们穿越语言的河流，并最终在原本死寂的宇宙中汇成一道生生不息的长河。

于是我成了一名儒家徒。儒家弟子，这并非一个标签，而是一种语言的确证，一种精神的皈依，一种尺度的守护。而此种皈依意味着我将以儒家根本语言所道出的那种精神为裁定自身及我所遭遇的万物的尺度，意味着我将在自己的身上重现这些语言的精神。这里不需要豪言壮语与高谈阔论，只需要一种身体力行，一种用生命对某些词语的印证。这也不需要去诋毁另外一种信仰（虽然那些信仰可能会不断地诋毁着你的信仰，无论以神或者民主、自由的名义），因为“己所不欲，勿施于人”乃是此一信仰的根本准则。

人能弘道，道亦弘人。

成为一名儒家弟子于我就是真理贯彻于我身，但此一贯彻只是宇宙生生不息的奥秘的一次实现，而任何一次实现总是在特定境域中的实现，没有人可以重复我的实现，我也不可能只是重复其他任何人的实现。

我走过的道路，童年的疾病，少年的忧郁，青年的迷茫和回归，那个时代的狂热和愚蠢，这个时代的冷漠和温暖，这一切不可能重复在另外一个人身上，所以这一刻的彻悟，将是此一境域的唯一实现，它不可能再度重复。我的领会也是对一种既定语言的抉择与皈依，所以我得以和那些伟大的精神祖先栖居于同一个天空和大地。

然而，我们的领会也最终是此150亿岁的宇宙生生不息创造进程中的一个极短时刻的涌现。在我们身上，宇宙第一次觉醒过来，宇宙第一次道德起来，宇宙第一次道说自己、审察自己……于是那矛盾着的不同语言，又原是同一个宇宙生机在不同境域的一次次实现，远远近近，高高低低，但橡树又岂能剥夺紫花地丁的美丽与意义？

这是一种最后的归宿感，你窥见宇宙的底，并栖身于通往此路的天地间。最后你所惊恐的，只是怕自己配不上这份生命的庄严，怕自己辜负得太多，来不及把蕴含于生命种子的神秘，尽最大可能地实现。而另外一切，纵然会让仍然具备生物性的你痛、怒、懊、恨，却不可能让你放弃信仰本身，不可能让你不复领悟已经领悟的这一真谛。最终，我将带着这系于肉身的痛楚与懊恼，和那些简单而又根本的词汇完全地同一。

一壶清茶，漫说教育

戊戌2018年春节，新校长传媒推出以“柴米油盐酱醋茶”为主题的系列教育散文。我被约写茶，于是一个下午仓促而成此篇。

必须承认，茶没那么必需——“柴米油盐酱醋茶”开门七件事，若柴米是语文课程，油盐是数学课程，酱醋茶最多算是音体美劳课程。

民以食为天，柴米油盐前六者都算是厨房里的事，就茶却是厅堂上的物，把它和烟酒并列，才算差不多。但烟酒虽美，历史上戒烟戒酒的禁令却不少。也就是说，茶和烟酒，都可以算是奢侈品。

把奢侈品当必需品，把艺体课当必修课，这只能说明一件事：我们有幸生活在一个开始走向富足、追求高雅的时代；人们不仅想要活下去，而且想要活得有品位，有尊严。

1

茶，像是一个本土课程，它涉及文化认同和乡土意识。

中国被西方人知晓，最早是因为丝绸。希腊人称中国为赛里斯，意思是丝绸之国。后来欧洲人称中国为China，有人说这是瓷器的意思，其实不然，这是用出产地的名字来称呼瓷器。有人说China是秦，有人说是长安。

茶是和丝绸、瓷器同样重要的中国货，可惜兴起得比较晚，没能赶上初命名的时代。想想，把中国称为茶之国，或者把China换成龙井、普洱或安溪，那也挺好玩。这就是文化的奠基。丝绸之路、瓷器之国，我们通过西方的目光，站在世界的视角，重新定义自身。

茶对于整个中国，即使今天重要性远远超过了丝绸和瓷器，但它已经错过了成为文化奠基者的机会。不过对于南方，对于那些特定的地区，它依然是取之不尽，用之不竭的文化资源、课程资源。毕竟，这是一片享誉世界的中国树叶，唯有咖啡，才可以和它相提并论。

如果说柴米油盐是为了确保活着，酱醋是为了舌尖享受，那么茶就是一张东方的、中国的精致名片，代表了一种中国南方的生活方式和人生态度。

2

这是一种怎样的人生?

茶，在《诗经》中已经出现，但喝茶被推广，已是魏晋时候的事。

以阮籍、嵇康为代表的竹林七贤是嗜酒的。酒，意味着激情、叛逆、反抗，和诗歌更接近些。竹林七贤之后，魏晋人物更崇尚谈哲学（当时称玄学），这时候茶就代替酒，成了流行品。茶，助人清醒，让人宁静，意味着从容、淡泊、沉思，和哲学更接近些。

就这样，茶和酒，成了中国文化的两个元素，就像希腊神话里的太阳神阿波罗和酒神狄奥尼索斯，前者代表理性，后者代表激情。

在变化无常又艰苦卓绝的历史中，这种理性往往沦为对生活无条件的隐忍和悦纳，就像酒，往往不是反抗，而仅仅成为麻醉和逃避。然而无论如何，它们帮助这片土地留下了诗歌、禅学，留下了它们的故事和风骨。相形之下，今天的教育只有技术，既没有酒的激情，也没有茶的沉思——确实是柴米油盐，最多添一点调味的酱和醋。

教育，可以不要酒，但不能缺少酒象征的激情；可以不要茶，但不能缺少茶象征着的沉思。

3

中国的物质和文化，在唐宋达到了巅峰，茶也是，且和酒一道，连接着物质和文化。

一般人说起茶的人物和著作，首先会想起唐朝陆羽和他的《茶经》，虽然真正读过的人不多。我个人更偏爱宋朝宋徽宗的《大观茶论》——是的，就是那个瘦金体书法、工笔花鸟画第一流的皇帝，那个靖康耻里的皇帝。不过没有多少人知道，其实我们今天喝茶的方式，包括茶的味道，和唐朝、宋朝相去甚远——宋朝和唐朝也相去甚远。

唐朝茶叶的制作，主要是蒸青。喝茶的方式，最流行的是煎煮，还经常和其他的干果、盐椒等一道煮。味觉的第一印象，就是苦！《诗经·邶风·谷风》里说："谁谓荼苦？其甘如荠。"有人说这里的荼是苦菜，有人说就是茶叶（当时没有单独的茶字，因为味道苦，苦菜和茶叶都被称为"荼"）。但陆羽们甘之如饴的原因，一是因为蒸青茶的香味，二是贪恋茶里所含咖啡因带来的清醒和镇定。

要到了宋朝，茶才变得好喝起来，也好玩起来——至今不及。宋朝的茶饼也是蒸青茶，但多了一道洗茶的程序。这一洗，固然洗去了茶的部分"药效"，但也洗去了茶的苦涩。茶，在宋人手里变得甘甜起来。小小的茶饼造价昂贵，享用时还需要细细磨成粉末，把粉末和开水一道，搅拌、点缀出与今天卡布奇诺咖啡类似的花式来。这个过程，称为"点茶"或"分茶"。陆游诗句"晴窗细乳戏分茶"，写的就是喝茶的情景。今天日本人的抹茶，字面意思就是宋朝的末茶，它做入糕点时的甜美，还略带着宋茶的芬芳。

宋朝的茶当然好喝，而精致到了极点，这就成了变态的美妙、过度的奢靡。宋朝的亡国当然不是茶的原因，但茶也可以是美丽、繁华宋朝的一个表征。所以贫民出身的朱元璋，禁止用宋朝的方式制茶。朴素散茶，简单冲泡，从此就成为中国茶最普遍的饮用方式。

茶，是变化着、演化着的茶；中国，是变化着、演化着的中国。文化，就是特定时代、特定土壤里生产出来的生存方式；课程，就是特定社会、特定文化想要创造自身的努力。

过去，是应该同情地理解和尊重的，但不必回去，也回不去。无论如何怀念过去、羡慕西方，教育必须扎根于自己的土壤：文化的，语言的，特定处境的。最后，成功的复兴一定是创新，成功的模仿一定是原创。

4

红茶是一个美丽的错误。

在我的家乡浙江，茶，以新鲜、嫩绿，为最优质的方向。相信古人也一样会这样选择。但在以骡马、船只为运输工具，要把茶叶万里迢迢输送到欧洲等地的古代，茶的变质成了必不可免的事。就像粮食和水果的变质创造了酒，绿茶的变质，诞生了红茶和黑茶。我坦白，我现在已经不喝绿茶，只喝红茶和黑茶，它们对人的肠胃更友善。

教育的创新有多少源于错误？

不是刻意去追求和制造错误，而是当错误发生时，认真地聆听它、观察它、理解它。万物总有其存在的理由，一个新生的事物，往往就是这个处境、这个时代的宠儿。

5

但千变万化中，总有什么是不变的。不变的是茶，茶的本性，是作为植物嫩叶的鲜美，制作后的芳香，以及茶叶中含着的咖啡因……

千变万化的教育，千变万化的课程，总有什么是不变的。

不变的是人，是人性，和儿童成长的节律。

所有成功的茶事茶艺，都是茶叶天性的实现；所有成功的教育，都是儿童天性的绽放。

6

茶，不是一个孤独的存在。

一片茶叶，它源自特定的山；一杯清茶，它需要特定的水。而一种特定的制茶方法、喝茶方式，又牵连起多少器具：从采茶时的篓，到制茶时的灶，以及一般人闻所未闻的茶臼、茶规、茶承；喝茶时的六君子茶筒、茶匙、茶漏、茶拨、茶夹、茶针；茶艺中最醒目的茶炉、茶匝、茶杯……最后，它关联着整个世界——如果不是客观世界的话，至少，它有一个足够丰富自足的因缘世界。

这个因缘世界的中心不是茶，而是人对茶的喜爱。而人对茶的喜爱，本质上就是对精致生活的喜爱，是对更高生命的追求。

如前所说，茶和酒，乃是东方文化中一阴一阳两个符号。少年的酒，中年的茶；西方的咖啡，东方的树叶……由茶牵连起的，乃是物之美，器之精，人之雅。

教育只有在最基础的层面上，才是学会生存；在最高的层面上，它是深刻地认识和理解眼前的世界，是用改进每一个触手事物的方式，改造万物，改进世界，让万物和世界日益精美，日益深邃。

通过理解和改变这两个词语，心和世界乃是一体。

7

茶真的只是属于中年的安宁？

如人的一生，茶亦有它跌宕起伏的一生。

在冬日冷雾弥漫的山上守候着，等候春来，却早早地被掐下，去曝晒，去烘焙，去蒸煮，去揉挤……而当它被作为接待之礼献上时，还得经受烈火和沸水。所以它岂止是中年的岁月静好，它在走到岁月静好之前，曾经历过千山万水。

任何一处经历的缺失，都是生命的缺失，教育不是替代孩子去经历，而是引导孩子们去更勇敢地经历。比茶叶更幸运的是，教育不是按标准的流程复制生命，而是由生命自己决定在处境中如何选择，如何存在，如何呈现。

那么，就这样吧。端茶，送客。